Schildkröten im Fokus
Sonderband

Testudo
Häufig gehaltene Arten

Herausgegeben von
Michael Daubner & Thomas Vinke

Mit Beiträgen von
Hans-Jürgen Bidmon, Gerhard Eger, Stefan Gabriel,
Martin Häbich, Ulrich Hennen, Stefan T. Kosuck,
Thorben Schneider, Thomas & Sabine Vinke, Sabine Willig

SCHILDKRÖTEN IM FOKUS
SONDERBAND

Herausgegeben von

Michael Daubner & Thomas Vinke

Testudo

Häufig gehaltene Arten

Mit Beiträgen von

Hans-Jürgen Bidmon, Gerhard Eger, Stefan Gabriel,
Martin Häbich, Ulrich Hennen, Stefan T. Kosuck,
Thorben Schneider, Thomas & Sabine Vinke, Sabine Willig

dauvi-Verlag Bergheim

204 Farbfotos
4 Zeichnungen
4 Tabellen

dauvi-Verlag
Michael Daubner & Thomas Vinke GbR
Jenseitsstraße 79, 50127 Bergheim
www.dauvi.de

Lektorat: Sabine Vinke
Layout und Satz: Michael Daubner
Druck: Stürtz GmbH Würzburg

ISBN 10: 3-937855-00-9
ISBN 13: 978-3-937855-00-4
ISSN: 1612-7900

www.schildkroeten-im-fokus.de

Titelbild: *Testudo hermanni hermanni* Foto: THOMAS VINKE

Inhaltsverzeichnis

Liebe Schildkrötenfreunde

nun ist er fertig, unser erster Sonderband der Schildkröten im Fokus. Dank der großartigen Unterstützung durch die Autoren ist es gelungen, dieses kompakte Werk zu erstellen. Es mag ungewöhnlich scheinen, eine Zeitschrift in Buchform herauszugeben. Doch hat sich dieses Format für uns als die beste Möglichkeit herausgestellt, das Fachwissen verschiedener Schildkrötenliebhaber zusammenzutragen, um es in dieser gebündelten Form zur Verfügung zu stellen und damit einen weiteren Meilenstein auf dem Weg zur artgerechten Haltung und Pflege Europäischer Landschildkröten zu setzen.

Wir haben uns bei unserem ersten Sonderband bewusst für die häufig gepflegten *Testudo*-Arten entschieden, obwohl insbesondere zu diesem Themenkreis in den letzen Jahren viel veröffentlicht worden ist. Diese Arten nehmen in der Schildkrötenhaltung immer noch den größten Stellenwert ein und so ist das Informationsbedürfnis besonders groß und ein Werk wie dieses gab es noch nicht. Wir haben uns dem Themenkreis „Europäische Landschildkröten“ – wie von Schildkröten im Fokus gewohnt – aus fokussierten Blickwinkeln genähert. Dabei haben wir uns das ehrgeizige Ziel gesetzt, den Themenkreis umfassend zu behandeln. Viele Themen, die in der sonstigen Literatur nur oberflächlich angerissen werden, haben wir in diesem Band gezielt angegangen. Dafür wählten wir Autoren aus, die für diese Fragestellungen besonders erfahren und kompetent sind.

Der Ursprung des Sonderbandes entstammt dem Wunsch, uns nach drei Jahren bei den treuen Lesern unserer Zeitschrift zu bedanken und ihnen etwas für ihr Vertrauen in uns zurückzugeben. Schildkröten im Fokus hat ihren festen Platz in der Schildkrötenwelt gefunden, das haben wir unseren Lesern und unseren Autoren zu verdanken. Dieses Werk ist all denen gewidmet, die uns so tatkräftig unterstützen.
Ein herzliches Dankeschön dafür!

Michael Daubner & Thomas Vinke

THOMAS & SABINE VINKE, Filadelfia, Paraguay

Konkurrierende Modelle der wissenschaftlichen Systematik – oder *Eurotestudo* und *Agrionemys* contra *Testudo*

Das vorliegende Buch trägt den Titel *Testudo*, aber noch während der abschließenden Vorbereitungen zum Druck wurde der Vorabdruck einer Arbeit veröffentlicht, die aus der Griechischen Landschildkröte eine *Eurotestudo* machte (LAPPARENT DE BROIN et al. 2006). Ist der Titel deshalb nun falsch, oder hätten wir das Buch noch umbenennen sollen? Natürlich haben wir uns mit dem Gedanken beschäftigt, uns aber letztendlich dagegen entschieden. Die Gründe dazu möchten wir im Folgenden aufzeigen.

Taxonomische Arbeiten sind wichtig und ohne Systematik-Modelle hätte man keine Vorstellung von verwandtschaftlichen Beziehungen, Ähnlichkeiten, aber auch Abgrenzungen. Dennoch darf man nicht aus den Augen verlieren, dass es unterschiedliche Methoden gibt und da es sich nur um Modelle handelt, eben auch keine absoluten Wahrheiten, sondern lediglich unterschiedliche Betrachtungsweisen. Um das zu verstehen, muss man ein wenig ausholen.

Die traditionelle Systematik geht auf CARL LINNÉ (Linnaeus) zurück, der das bis heute noch gültige Kategorie-System zunächst für alle Pflanzen entwickelte und dieses im Jahr 1758 mit der nun schon zehnten Erweite-

Abb. 1
Nach 40 Jahren wieder hervorgekramt – *Agrionemys horsfieldii*?

rung seiner „Systema Naturae“ auch auf die Tierwelt übertrug. Seitdem tragen alle Organismen einen zweistufigen (binären) Namen, der Gattung (Genus) und Art (Spezies) beschreibt (bspw. *Testudo marginata*). Zur weiteren Unterteilung dient die Unterart (Subspezies). Das sind lokale Populationen, die sich zwar untereinander noch ähneln und sehr eng verwandt, jedoch eindeutig abgrenzbar sind. Werden Unterarten erkannt, erhält die Population, aus der das erste beschriebene Exemplar der Art stammt (Nominatform) eine Verdopplung des Namens (bspw. *Testudo hermanni hermanni*) und die abweichende Form erhält eine eigene Bezeichnung (bspw. *Testudo hermanni boettgeri*).

Ob eine abweichende Form als Art oder Unterart eingestuft wird, wird im Allgemeinen durch die Fortpflanzung untereinander definiert. Können sich die Tiere aus den räumlich getrennten Populationen nicht mehr miteinander fortpflanzen, gehören sie unterschiedlichen Arten, nicht Unterarten an. Dementsprechend können verschiedene Unterarten auch in der Natur per Definition nicht gemeinsam vorkommen. Wo sie dennoch aufeinander treffen, zum Beispiel, weil es erdgeschichtliche Trennungen gegeben hat, die sich später wieder aufgehoben haben (Klimaveränderungen, Veränderungen von Flussläufen etc.), muss es eine Vermischungszone geben. Ist die Artentwicklung annähernd abgeschlossen, wird diese Vermischungszone schrumpfen oder auf ein kleines Band beschränkt bleiben, wie im berühmten Beispiel von Raben- und Nebelkrähe. Dauerte die Trennung nicht ausreichend lange, wächst die Vermischungszone und die beiden Unterarten gehen möglicherweise wieder ineinander auf. Im Hinblick auf die Evolution kann man sich Unterarten dementsprechend als Vorstufe einer neuen Art vorstellen (Mayr 1967).

Mischlinge, die unter menschlicher Obhut geboren werden, haben diesbezüglich nur wenig Beweiskraft, da es beispielsweise auch zu artspezifischen Abgrenzungen bezüglich des Balzverhaltens oder der Paarungszeiten kommen kann, was unter dem Einfluss von Menschen leichter als in der Natur durchbrochen werden kann, wo die passenden Geschlechtspartner unter natürlichen Klimabedingungen vorhanden sind. Dementsprechend kann man lediglich im

Abb. 2a-b
Dieser Mischling zwischen Breitrandschildkröte und Griechischer Landschildkröte wäre nach der neuen Einstufung ein Mischling zwischen verschiedenen Gattungen

umgekehrten Fall Schlüsse aus gestörter oder nicht vorkommender Vermehrung ziehen, das ist dann ein guter Hinweis auf Arten statt Unterarten (Fritz 1995).

Bleibt schon bei der Art/Unterart-Einstufung ein weiter Ermessensraum, so gibt es bezüglich der Gattung selbst innerhalb der traditionellen Systematik keine eindeutige Vorschrift, wie „nahe verwandt" Tiere sein müssen, damit sie derselben Gattung angehören. Dubois (1981) versuchte auch hier die Fortpflanzungsfähigkeit mit einzubeziehen. Seiner Meinung nach kann es nur innerhalb einer Gattung zu lebensfähigen Kreuzungen kommen. Dieser Ansatz klingt logisch: Nur wer einigermaßen nahe verwandt ist, kann sich auch miteinander vermehren. Da hier bei der reinen Fortpflanzungsfähigkeit aber Bedingungen unter menschlicher Obhut miteinbezogen werden, ist dieser Gattungsbegriff auch nicht unumstritten (Fritz 1995). Dennoch, selbst 40 Jahre nach Beschreibung der „neuen" Gattung *Agrionemys* konnte sich diese Bezeichnung für die Steppenschildkröte in der Wissenschaft nicht durchsetzen, gerade auch wegen der Existenz gesunder Bastarde mit anderen *Testudo*-Arten (vgl. Vinke & Vinke 2004). Allerdings gab es vor rund 20 Jahren einmal eine Tendenz dazu, und auch im Augenblick wird der Name wieder von mehren Herpetologen verwendet. Aber man sieht an diesem Beispiel, wie strittig selbst unter den Fachleuten diese Einteilungen sind.

In der modernen Taxonomie kommt noch eine weitere Problematik hinzu. Viele Herpetologen folgen einem ganz anderen Modell, der kladistischen Taxonomie, die sich mit den Abstammungen bestimmter Merkmale befasst. In diesem System werden keine Unterarten benannt, insofern waren auch die letzten Beschreibungen wie beispielsweise *Testudo hercegovinensis* oder diverse Taxa, die aus dem *Testudo-graeca*-Komplex abgespalten wurden (vgl. Stefan Gabriel auf S. 91-102), auf Artniveau zu finden, ohne letztendlich zu klären, ob es sich nach dem traditionellen Modell um „gute" Arten handelt. Als Konsequenz daraus war es auch nur eine Frage der Zeit, bis sich die Gattung *Testudo* ebenfalls aufspaltet und so die „alten" Verwandtschaftsbeziehungen wiederhergestellt werden. Nicht zufällig enthält die Gattung *„Eurotestudo"* neben ihren diversen prähistorischen Vorfahren die Arten *„Eu. hermanni"*, *„Eu. boettgeri"* und *„Eu. hercegovinensis"*. Letztere allerdings unter Vorbehalt der Gültigkeit überhaupt. Auch der Gattungsname *Agrionemys* wird in dieser Arbeit konsequenterweise als valide betrachtet (Lapparent de Broin et al. 2006).

Diese unterschiedlichen Modelle stehen nun (wertfrei!) nebeneinander und da sich insbesondere die Taxonomen, die sich zurzeit intensiv mit Landschildkröten befassen, eher der kladistischen Taxonomie zuordnen lassen, ist durchaus davon auszugehen, dass die Gattungsbezeichnungen *Agrionemys* und *Eurotestudo* gute Chancen haben, sich zumindest im Augenblick durchzusetzen. Dennoch haben wir uns in diesem Buch für das Modell *„Testudo"* entschieden, da wir hier gerade von den Gemeinsamkeiten berichten wollen. Außerdem sind das die Namen, die

Abb. 3
Welche Namen sie auch tragen, man sollte darauf achten, dass die Schildkröten zusammenpassen
Foto: Angela Herzog

– mit Sicherheit auch noch länger – auf den Artenschutzpapieren stehen und so sollte man nicht unnötig Verwirrung stiften.

Wie die Taxonomie die Artenschutzpapiere und die Haltungsempfehlungen für Europäische Landschildkröten durcheinander bringen kann, zeigt sich an der unglückseligen Umbenennung innerhalb von *Testudo hermanni* vor knapp zwanzig Jahren. Damals wurde festgestellt, dass das erstbeschriebene Exemplar (Typus Exemplar) gar nicht der Ostrasse angehörte, sondern aus Frankreich stammte (Bour 1987). Somit wurde aus der damaligen *T. h. robertmertensi* die neue Nominatform *T. h. hermanni* und aus der damaligen Nominatform *T. h. boettgeri*. Noch heute gibt es Papiere, welche die Unterarten falsch ausweisen und den Erwerbern der Nachzuchten Probleme bei der Identifikation machen. Auch diese Erfahrung war für uns ein Grund, die Entwicklung in Ruhe abzuwarten und nicht Hals über Kopf eine neue Bezeichnung zu übernehmen.

Eine weitere Auswirkung unterschiedlicher Bewertungen findet man in diesem Buch bezüglich der Dalmatinischen Landschildkröte, hier stehen je nach Bewertung der Sachlage durch die jeweiligen Autoren verschiedene Namen gleichberechtigt nebeneinander. Uns ist der Inhalt der Artikel wichtiger, als die Entscheidung, ob man *Testudo hercegovinensis*, *Testudo hermanni hercegovinensis* oder eben *Eurotestudo hercegovinensis* verwendet. Hauptsache, Sie als Leser wissen das und können sich ihr eigenes Bild machen.

Abb. 4
Der derzeitige Rekordhalter in der Anzahl an wissenschaftlichen Namen, die Dalmatinische Landschildkröte

Literatur

Bour, R. (1987): L'identité des tortues terrestres européennes: spécimens-types et localités-types. – Revue française d'Aquariologie 13: 111-122.

de Lapparent de Broin, F., R. Bour, J. F. Parham & J. Perälä (2006): *Eurotestudo*, a new genus for the species *Testudo hermanni* Gmelin, 1789 (Chelonii, Testudinidae). – Comptes Rendus Palevol 5: im Druck

Fritz, U. (1995): Schildkröten-Hybriden: 2. Halsberger-Schildkröten (Cryptodira). – Herpetofauna, Weinheim 17 (95): 19-34.

Gabriel, S. (2006): Die Maurische Landschildkröte *Testudo graeca ibera*. – S. 91-102 in: Daubner, M. & T. Vinke (Hrsg.): *Testudo* – häufig gehaltene Arten – Schildkröten im Fokus Sonderband. – Bergheim (dauvi-Verlag).

Mayr, E. (1967): Artbegriff und Evolution. – Hamburg (Verlag Paul Parey), 617 S.

Vinke, T. & S. Vinke (2004): Vermehrung von Landschildkröten. – Offenbach (Herpeton Verlag Elke Köhler), 189 S.

Autoren

Thomas & Sabine Vinke
Filadelfia 853
9300 Fernheim
Paraguay
E-Mail: S-T-Vinke@gmx.de

Sabine Willig, Oldenburg

Modell einer ganzjährigen naturnahen Freilandhaltung von Europäischen Landschildkröten im Norden Deutschlands

Mit Landschildkröten aufgewachsen, musste ich mich wegen meines Studiums und des berufsbedingten Wohnortswechsels nach Norddeutschland von meinen Tieren trennen. Die Liebe zu Schildkröten hat mich jedoch nie mehr losgelassen. Im Laufe der Jahre wurde der Wunsch immer stärker, wieder Landschildkröten zu pflegen. Am liebsten wollte ich mich *Testudo hermanni boettgeri* widmen.

„Ist ganzjährige Schildkrötenhaltung in Norddeutschland überhaupt möglich?" oder „Wie alles (wieder) begann"

Das norddeutsche Klima ist im Gegensatz zum Klima Süddeutschlands rau, windig und die heißen, trockenen Sommer fehlen. Die hiesigen Winter sind großteils schneefrei und Dauerfrost ist selten. Ich fragte mich, ob man unter diesen Bedingungen Europäische Landschildkröten halten könnte und beschloss es zu versuchen. Es war mir klar, dass für diese Pfleglinge nur eine Freilandhaltung – zumindest während des Sommers – in Frage kam. Schließlich erhielt ich über die Universität zwei adulte *Testudo hermanni boettgeri* und eine *Testudo graeca ibera*.

Abb. 1
Freigehege für Europäische Landschildkröten mit abwechslungsreicher Bepflanzung und Sonneninseln

Abb. 2
Das Schildkrötengehege als Biotop nicht nur für Schildkröten: Man beachte den kleinen Molch in der Wasserschüssel, der vom nahe gelegenen Teich in das Gehege geklettert ist.

„Anfängliche grobe Fehler" oder „Was man nicht tun sollte"

Ich kaufte also ein billiges Frühbeet aus dem Baumarkt, installierte darin einen Spotstrahler, setze es auf einen Backsteinunterbau, in dem ich eine Öffnung freigelassen hatte, stellte ein Holzhäuschen als Unterschlupf hinein und positionierte es in ein etwa 30 qm großes Freigehege, das ich mit Holzpalisaden eingezäunt hatte.

Da ich die Tiere Mitte März bekam, konnten sie sofort in das Frühbeet gesetzt werden. Der April war in jenem Jahr aber kalt und windig, und ich bekam die Temperatur im Frühbeet nicht über 15 °C. Nachts wurde es sehr kalt. Also beschloss ich, sie ins Haus zu holen, wenn die Temperaturen für die Schildkröten wieder einmal zu unwirtlich wurden. Meine Tochter baute auf die Schnelle eine große Holzkiste mit 200×60×50 cm (L×B×H), die mit Folie ausgelegt wurde. Ich brachte Gartenerde ein, stellte ein Schlaf-

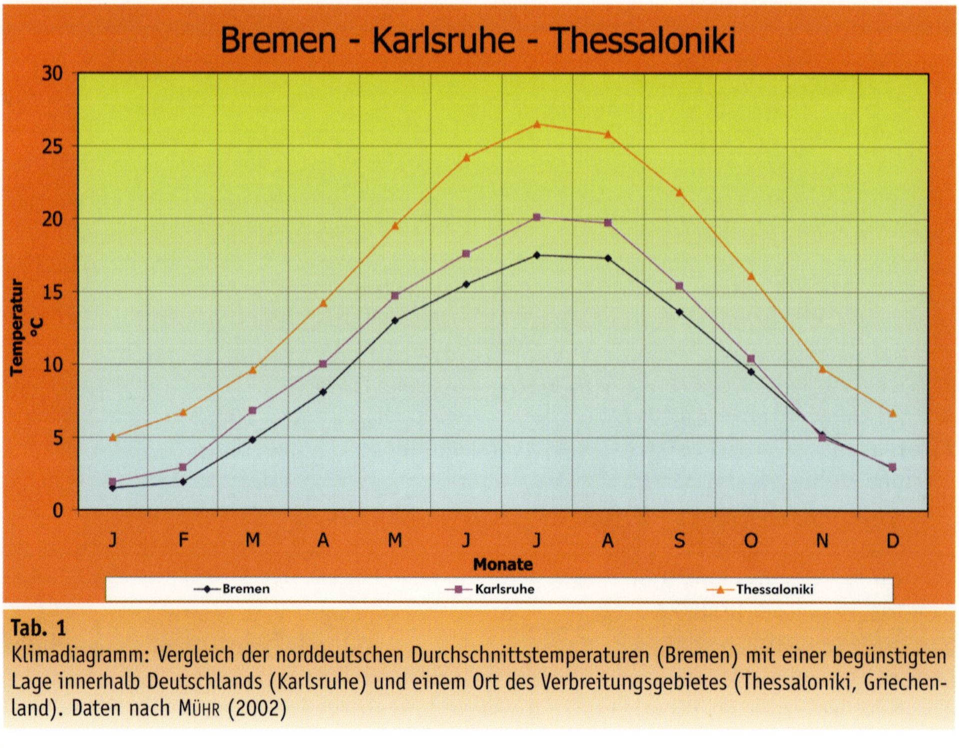

Tab. 1
Klimadiagramm: Vergleich der norddeutschen Durchschnittstemperaturen (Bremen) mit einer begünstigten Lage innerhalb Deutschlands (Karlsruhe) und einem Ort des Verbreitungsgebietes (Thessaloniki, Griechenland). Daten nach Mühr (2002)

Abb. 3
Frühbeet mit Lamelleneingang und überdachter Schildkrötenveranda

haus hinein und installierte eine Wärmelampe. Da die Holzkiste direkt unter einer Dachschräge mit Fenster stand, war es augenscheinlich auch hell genug.

Das ewige Hin- und Hertragen der Schildkröten war jedoch nicht gut für die Tiere: Die *Testudo graeca ibera* fauchte bei jeder Berührung. Die beiden *Testudo hermanni boettgeri* waren zwar ruhiger, aber mir wurde schnell klar, dass man diese Wildtiere so selten wie möglich hochheben und umsetzen sollte, zumal das einem Ergriffenwerden der Schildkröten durch Raubvögel aus der Luft gleichkommt.

Im Sommer wurde es dann besser, und die Schildkröten konnten Tag und Nacht draußen bleiben, bis es im Frühherbst einen heftigen Sturm gab und das Frühbeet weg geweht wurde und schließlich, in Einzelteile zerlegt, im Garten verstreut lag. Jetzt war klar: Ich musste eine andere Lösung finden.

Die imprägnierten Holzpalisaden hatten sich ebenfalls nicht bewährt. Der Sommer war sehr nass und schon nach einem Jahr waren die eingegrabenen Teile der Palisaden vermodert. Es war also offensichtlich, dass Billigfrühbeete und Gehegeumrandungen aus (imprägniertem) Holz für norddeutsche Verhältnisse unbrauchbar waren. Innenterrarien kamen aus schon genannten Gründen ebenfalls nicht in Frage. Internet hatte ich damals noch nicht, und andere Schildkrötenhalter, die ich fragen konnte, wohnten nicht in unserer Gegend.

Eine neue Haltungsvariante, die sich seit 10 Jahren bestens bewährt hat, sowie deren Weiterentwicklung

Frühbeet

Durch Freunde erfuhr ich von einem Gewächshaushersteller (Firma Hoklartherm) in meiner Nähe, der auch qualitativ gute Frühbeete im

Abb. 4 und Abb. 5
Pflanzsteinmauer (links) und Natursteinmauer (rechts)

Angebot haben sollte. Meine ersten beiden Hoklartherm Frühbeete sind 120×100 cm groß und die Deckel bestehen aus Alltop, also UV durchlässigem Plexiglas, die Seiten aus 16 mm ISO-Hohlkammerplatten. Da sich die adulten Schildkröten meistens im Freigehege aufhalten, finde ich es ausreichend, dass die Beete keine „Rundum-Alltop-Verglasung" haben.

Die Frühbeete wurden jeweils auf eine einen Meter tief in die Erde versenkte Backsteinmauer geklebt, um den starken Stürmen hier stand zu halten. Den Boden ließ ich in derselben Tiefe mit losen Backsteinen auslegen. Die Unterbauten der beiden Früh-

Abb. 6
Gehweg- und Natursteinplatten im Freigehege sorgen für schnell abtrocknende Plätze nach Regenfällen und wärmen sich rasch auf

Abb. 7
Gehegeteilansicht

beete wurden aus witterungsbeständigem Holz gefertigt. Da sie auf diese Weise nicht mit dem feuchten Erdreich in Kontakt kommen, gab es bislang auch keine Probleme mit der Haltbarkeit. In die Unterbauten wurden fest verschließbare Ausgangstüren eingebaut. Als Substrat für die Frühbeete fand die ausgehobene lockere, sandige Erde Verwendung. In jedes Frühbeet stellte ich ein 100×30×30 cm (L×B×H) großes, mit schwarzer Folie beklebtes Schlafhaus. Die frostsichere Zuleitung für den Strom hatte ich schon vor dem Mauerbau in das Frühbeet verlegt. Auf den Holzunterbauten wurden Holzstege montiert, auf denen die Fassungen für die Wärmelampen befestigt wurden. Ich benutze pro Frühbeet zwei 60 Watt PAR 38 Strahler von Philipps sowie anfänglich einen Elsteinstrahler. Unter die Wärmelampen, die sich bestens bewährt haben, habe ich flache Steine gelegt, die sich sehr schnell aufwärmen und abends die Wärme wieder abgeben.

Die Elsteinstrahler wurden später durch Frostwächter ersetzt, die sich gut an der Holzwand befestigen ließen. Diese werden aber nur für die kühlen Frühlingsnächte und im Winter für die Freilandüberwinterung benutzt. Die gesamte Technik wird mit einem Thermotimer gesteuert. Die Wärmelampen gehen im Frühjahr um 8 Uhr morgens an und um 17 Uhr wieder aus. Ist an der kühlsten Stelle (im dunklen Schlafhaus) eine Temperatur von 20 °C erreicht, schalten sich die Lampen ebenfalls aus. Im Sommer werden die Lampen so geschaltet, dass sie um 7 Uhr angehen und um 18 Uhr wieder erlöschen. Im Frühjahr und Herbst kommt noch eine flache Wasserschale in das Frühbeet. Im Sommer trinken die Schildkröten ausschließlich im Freigehege.

Damit die Wärme tagsüber bei geöffneter Tür nicht verloren geht, habe ich einen Lamellenvorhang daran befestigt. Die Türen gehen nach Süden bzw. bei einigen anderen Frühbeeten, die inzwischen zusätzlich zu

Abb. 8
Unter Thymian und anderen Lamiaceaen suchen die Schildkröten gerne Schutz vor der Sonne und gleichzeitig werden ihre Panzer durch die ätherischen Öle der Pflanzen auf natürliche Weise gepflegt

den beiden hier beschriebenen Beeten angeschafft wurden, auch teilweise nach Osten auf. Nachts werden die Frühbeettüren geschlossen und am Morgen wieder geöffnet. Vor jedes Frühbeet wurde eine überdachte Veranda gebaut, die als Windschutz dient (s. Abb. 3).

Inzwischen ist die Schildkrötengruppe angewachsen, deshalb wurde auch ein drittes Frühbeet mit einem speziell angefertigten Unterbau in das Gehege integriert. Dieses Frühbeet mit Rundum-Alltop-Verglasung misst 2×1 m.

Freigehege

Das ursprüngliche Freigehege habe ich mittlerweile auf 100 qm erweitert. Als Umrandung habe ich für einen Teil Natursteine und für den anderen Teil Pflanzsteine verwendet (s. Abb. 4 & 5). Obwohl im Internet immer vor den (rauen) Pflanzsteinen gewarnt wird, habe ich niemals Panzerschäden an meinen Tieren feststellen können. Bei einem ausreichend großen, gut strukturierten Freigehege scharren Schildkröten nicht ständig an den Gehegemauern entlang, da sie diese vielmehr als natürliches Hindernis in ihrem Lebensraum ansehen. Die roten Mauern werden schnell warm, und die Schildkröten lieben es, sich angelehnt an ihnen zu sonnen. Ein weiterer Vorteil von Steinmauern ist auch, dass sie abends noch lange Wärme abstrahlen.

Um den Schildkröten einen nassen Freigehegeboden nach einem Regenguss zu ersparen, wurden entlang der Gehegeumgrenzung Wegplatten verlegt, die sehr schnell abtrocknen und bei Sonnenschein schön warm werden (Abb. 6). Im Freigehege selbst wurden Steinterrassen aus flachen Steinen

Fingerstrauch, gewöhnlicher	Katzenminze	Nachtkerze*
Frauenmantel*	Kornblume*	Rosmarin
Fuchsie, winterharte	Lavendel	Salbei
Funkie*	Lorbeer	Spierstrauch, japanischer
Glockenblume*	Mädesüß	Thymian
Golliwoog*	Magnolie*	Topinambur*
Hibiskus*	Margerite	Wacholder
Kamille	Minze*	Witwenblume*

Tab. 2
Gehegepflanzen, die erfahrungsgemäß auch norddeutsches Klima vertragen. Pflanzen, die mit einem * gekennzeichnet sind, werden von meinen Europäischen Landschildkröten auch gefressen.

angelegt, die sehr gerne von den Tieren aufgesucht werden. Viele kleine Sträucher, Steine, Hügel, Wurzeln, ein Legehügel, der als Windschutz von drei Seiten mit immer wieder auszuwechselnden Palisaden eingezäunt wurde, sowie verschiedene flache Wasserschalen vervollständigen die Einrichtung.

Natürlich habe ich viele Futterpflanzen ausgesät (s. Tabelle 2), und der Grasbewuchs wird in Grenzen gehalten. Die Schildkröten ernähren sich größtenteils selbst, bekommen nur ab und zu etwas Heucobs (Agrobs) oder besondere Pflanzen und Blüten zugefüttert.

Abb. 9
Wenn ein Apfel zufälligerweise von einer Schildkröte „erbeutet" wird, darf diese ihn auch fressen. Gezielt sollte Obst jedoch nie verfüttert werden, Fallobst sollte täglich abgesammelt werden.

Winterstarre und die Vor- bzw. Nachbereitung

Unter den oben geschilderten Bedingungen verbringen die Schildkröten ihre gesamte Aktivitätsphase. Dementsprechend findet die Vorbereitung aller Europäischen Landschildkröten auf die Winterstarre auch im Freien, also im Frühbeet und Freigehege statt. Ich mache eigentlich nichts, sondern überlasse alles der Natur. Das kühlere Wetter und die abnehmende Tageslänge lassen die Tiere ruhiger werden, sie fressen immer weniger und je nach Wetterlage verbuddeln sie sich zwischen Ende Oktober und Mitte November in ihren Frühbeeten.

Abb. 10
Testudo hermanni boettgeri Männchen „Romeo" im Laubhaufen

Bis auf den vergangenen Winter habe ich alle Schildkröten, nachdem sie sich in den Frühbeeten vergraben hatten, jeweils Ende November in Plastikboxen mit etwas feuchter Gartenerde gesetzt, mit Buchenlaub abgedeckt und anschließend in Weinkühlschränke überführt, in denen eine Temperatur von 4 °C herrschte. Dort blieben sie, bis sie Anfang März – sich noch in der Winterstarre befindend – in ihre Frühbeete gesetzt wurden. Die ansteigenden Außentemperaturen ließen sie dann langsam erwachen. Die Wärmelampen wurden wieder in Betrieb genommen und die Tür zum Freigehege geöffnet. Mitte März waren immer alle Schildkröten wach und gingen auch täglich in das Freigehege zum Fressen.

Selbst bei Temperaturen um 5 °C findet man die Schildkröten an sonnigen Tagen nach dem Aufwärmen in der Regel im Freien. Keines der Tiere hat je versucht, im Freien zu übernachten. Stattdessen suchen sie ihre Frühbeete wieder auf, bevor die Kälte eine Aktivität unmöglich macht, oder es Abend wird.

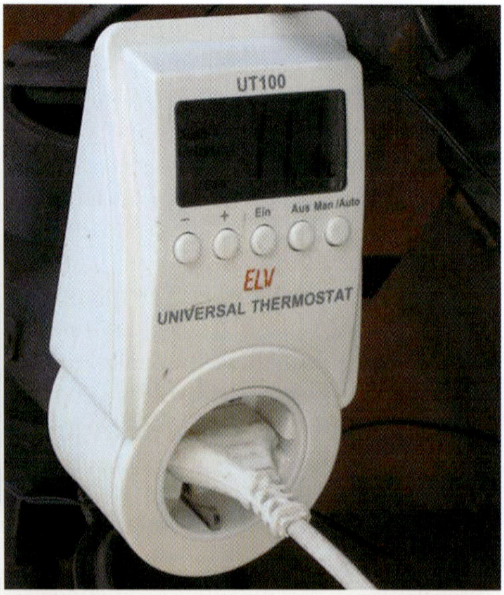

Abb. 11 und Abb. 12
Ein Drahtkorb schützt den Frostwächter (links), der mittels Thermostat (rechts) gesteuert wird

Winterstarre im Frühbeet

Mein größtes Ziel war es, meine adulten Schildkröten in den Frühbeeten zu überwintern. Deswegen habe ich die Temperaturen und die Bodenfeuchte in den untermauerten Frühbeeten über mehrere Jahre beobachtet. Als es sicher war, dass die Beete immer frostfrei blieben und das Grundwasser nicht zu hoch kam, habe ich im letzten Winter damit begonnen, die Tiere dort zu überwintern. Der Herbst 2005 war ungewöhnlich mild, und so waren die meisten Schildkröten bis Mitte November aktiv. Nichtsdestotrotz wurden die Schutzhäuser und Steinplatten unter den Strahlern entfernt, der Boden etwas aufgelockert. Als alle Tiere im Boden verbuddelt waren, wurden die Frühbeete ungefähr 50 cm hoch mit Buchenlaub aufgefüllt.

Abb. 13
Eier legende *Testudo hermanni boettgeri* auf dem Legehügel

Der Frostwächter bekam einen Schutzkorb damit kein Laub in die Schlitze des Geräts fallen konnte, und er wurde an einen Thermostaten mit Fühler angeschlossen (s. Abb. 11 & 12). Der Fühler wurde zirka 5 cm in den Boden gesteckt und der Thermostat auf 4 °C eingestellt.

Ich bin sicher, dass diese Art der Überwinterung die natürlichste ist. Selbst bei Sonneneinstrahlung und Frost wird der Boden in nur wenigen Zentimetern Tiefe nicht wärmer oder kälter als 4 bis 5 °C.

Vermehrung

In der großzügigen Anlage brauche ich keine Geschlechtertrennung durchzuführen. Ich konnte bei meinen Tieren nie Aggressionen feststellen. Meine Männchen sind äußerst friedlich. Wenn ein Weibchen zeigt, dass es nicht zur Paarung bereit ist, dreht sich das Männchen um und sucht sich eine andere Partnerin. Meist vergisst es sogar sein Vorhaben, wenn es an einer leckeren Pflanze vorbeikommt. Die natürlichen Verhaltensweisen können von den Schildkröten ausgelebt werden, ohne dass ich mit dem Vorsatz eingreifen muss, das Verhalten kontrollieren zu wollen.

Meine Weibchen legen meist drei Gelege mit acht bis neun Eiern ab. Da die erste Eiablage in der Regel schon Ende April erfolgt und die Temperaturen eine Eiablage auf dem Legehügel im Freien noch nicht erlauben, habe ich in dem zwei Meter langen Alltop-Frühbeet einen zusätzlichen Legehügel errichtet, der bei Bedarf mit einem Spotstrahler bestrahlt wird. Es dauerte nicht lange und alle Weibchen vergruben auf diesem Hügel ihre Eier. Im Sommer werden die zweiten und dritten Gelege je nach Wetterlage auch in den schon beschriebenen Legehügel im Freigehege abgelegt.

Eine Inkubation der Eier im Freien kommt natürlich schon wegen der niedrigen Temperaturen nicht in Frage. Deshalb grabe ich die Eier aus und überführe sie in einen Inkubator, wo sie unter den üblichen Bedingungen (bis 2004 bei 32,5-33 °C und 80 % relativer Luftfeuchtigkeit) ausgebrütet werden. Die Schlupfrate der inkubierten Eier liegt bei nahe 100 %. In den letzten Jahren wurden allerdings nur noch wenige Eier ausgebrütet, weil es immer schwerer wird, gute Halter zu finden und ich nur Eier ausbrüte, wenn ich bereits vorher weiß, wohin ich die Schlüpflinge abgebe.

Abb. 14
Testudo hermanni boettgeri Schlüpfling beim Fressen

Schlüpflingsgehege

Meine Nachzuchten werden wenige Tage nach dem Schlupf in ein eigenes Alltop-Frühbeet gesetzt. Ein Freigehege bekommen sie noch nicht, da es sich herausgestellt hat, dass sich das Auffinden der Winzlinge im Freiland als sehr schwierig gestaltet. In das Frühbeet werden alle möglichen Futterpflanzen gesetzt. Auch Golliwoog, den alle

Abb. 15
Alltop-Umrandung des Jungtiergeheges

Abb. 16
Eine Alltop-Platte sorgt vor dem Frühbeet an feuchten und kühleren Tagen für mediterrane Verhältnisse

Europäischen Landschildkröten sehr gerne mögen, wird bereitgestellt. Die Schlüpflinge bereiten sich in ihrem Frühbeet auf die Winterstarre vor und werden Ende November ausgebuddelt und in Plastikboxen in den Kühlschrank gebracht.

Jungtiergehege

Die größeren Jungtiere ab einem Alter von zwei Jahren haben ebenfalls ein eigenes Alltop-Frühbeet, allerdings mit einem daran anschließendem Freigehege. Wenn ich sie am Ende der Winterstarre aus dem Kühlschrank ins Freie bringe, schlafen sie noch einige Zeit in einem Kükenheim weiter. Dieses Haus besteht aus einem Plastikkasten, an dessen Deckel Heizschlangen montiert sind, die durch einen Thermostaten gesteuert werden. Sobald die Tiere wach sind, wird das Kükenheim eingeschaltet, und erst wieder außer Betrieb genommen, wenn die Temperaturen nachts über 15 °C liegen. Für kühle Tage ist im Frühbeet ein Strahler installiert, unter dem flache Steine liegen. Eine niedrige Badeschüssel und einige Pflanzen als Verstecke und Schattenspender sind ebenfalls vorhanden.

Das Freigehege der Jungtiere ist mit Alltop-Platten umrandet, die viel Licht hineinlassen (s. Abb. 15). Somit entsteht kein Schatten im Gehege, wenn die Sonne morgens auf- oder abends untergeht. Dank einer guten Strukturierung des Geländes und vor allem reichlichen Platzes laufen die Schildkröten auch weder an der durchsichtigen Umrandung entlang noch versuchen sie auszubrechen. Ein Deckel aus Hasendraht hält unerwünschte Gäste fern. Im Freigehege befinden sich viele Versteckmöglichkeiten: Pflanzen, Badeschalen, Hügel und Steine. Wenn das Wetter längere Zeit sehr schlecht ist, wird ein Teil des Freigeheges mit einer Alltop-Platte abgedeckt (s. Abb. 16), sodass die Jungtiere auch im Freien immer trockene Stellen finden. Auch diese Tiere verbleiben den gesamten Aktivitätszyklus im Frühbeet und haben sich bisher völlig selbstständig auf die Winterstarre im Weinkühlschrank vorbereitet. Sie wachsen sehr glatt heran und sind kerngesund. Im Laufe dieses Jahres (2006) werden auch das Schlüpflings- und das Jungtiergehege winterfest gemacht werden, damit ich in Zukunft allen meinen Europäischen Landschildkröten eine naturnahe Freilandüberwinterung bieten kann.

Sonderfall *Testudo horsfieldii*

Meine Vierzehen-Landschildkröten haben ein eigenes, ihren speziellen Bedürfnissen angepasstes Freigehege und Frühbeet (s. Abb. 19). Das Frühbeet wurde nicht untermauert, sondern in einem Meter Tiefe und an den Seiten mit Teichfolie ausgelegt, weil *Testudo horsfieldii* Nässe (und somit auch die hier in Norddeutschland relativ hohe Bodenfeuchtigkeit) nicht gut vertragen. Auf die Folie kam lockere Gartenerde und darauf ein mit schwarzer Folie beklebtes Holzhäuschen. Im Sommer brauchen Vierzehen-Landschildkröten viel Wärme, deswegen habe ich einen 80 Watt PAR 38 Strahler installiert.

Abb. 17 ➤
Zweijähriges Jungtier mit 85g

Außerdem bekamen sie einen Elsteinstrahler für kalte Nächte, der auf das Schlafhaus gerichtet ist. Vor den Eingang wurde eine Terrasse aus Alltop-Platten gebaut und die Tiere suchen sich, wie auch meine anderen Landschildkröten, ihr Futter im Freigehege selbst. Um die feuchten Tage etwas abzumildern, wurde ein Großteil des Freigeheges mit flachen Natursteinen ausgelegt, die schnell abtrocknen.

Während längerer Regenperioden wird ein Teil des Freigeheges mit einer PE-Platte abgedeckt. So können die Schildkröten raus, ohne nass zu werden. Bepflanzt ist das Gehege mit Lavendel, Thymian, niedrigen Sträuchern und Futterpflanzen. Das Gras wurde großflächig entfernt.

Auch meine *Testudo horsfieldii* halten ihre Winterstarre im Frühbeet (s. Abb. 20). Sie vergraben sich sehr tief, obwohl eine dicke Buchenlaubschicht die Kälte fern hält. Der Frostwächter ist bei ihnen so eingestellt, dass er erst bei einer Temperatur von 2 °C anspringt, weil diese Tiere auch in ihrem Habitat extreme Kälte vorfinden.

Meine Vierzehen-Landschildkröten halten wie die meisten Steppenschildkröten im August eine Sommerruhe, die sie im September nur kurz unterbrechen, um sich dann wieder für die Hibernation zu vergraben.

Zusammenfassung

Auch in Norddeutschland ist es möglich, Europäische Landschildkröten ganzjährig im Freigehege zu halten. Man benötigt dazu ein stabiles, mindestens 16 mm dickes Frühbeet, am besten mit Alltop-Verglasung, Wärmelampen für die kühlen Tage und Frostwächter oder Elsteinstrahler für die Nächte und Winter, sowie ein ausreichend großes, gut strukturiertes Freigehege.

Für die ganzjährige Freilandhaltung eignen sich meiner Erfahrung nach *Testudo hermanni boettgeri*, *Testudo graeca ibera* und (wenn auch mit etwas mehr Aufwand) *Testudo horsfieldii*. Bei Letzteren muss man darauf achten, dass diese Tiere in einem trockenen Frühbeet und ebenso möglichst trockenem Freigehege gehalten werden.

Abb. 18
Vierjähriges Jungtier mit 130g

Freunde von mir wenden die hier für *Testudo hermanni boettgeri* und *Testudo graeca ibera* angeführte Art der Freilandhaltung auch bei *Testudo marginata* an, jedoch werden diese bis dato noch im Kühlschrank überwintert.

Es besteht meiner Meinung nach kein Grund, diese Arten in den Übergangszeiten in Terrarien zu halten, da selbst im norddeutschen Klima einer ganzjährigen Freilandhaltung nichts im Wege steht.

Da ich im vorliegenden Bericht meine persönlichen Erfahrungen beschreibe, habe ich keine konkrete Literatur dafür benötigt. Dennoch möchte ich im Anschluss Bücher und Artikel aufführen, die sich mit grundlegenden Haltungs- oder Ernährungsfragen beschäftigen, Freigehegebau beschreiben bzw. in einem Fall einen umfassenden Einblick in die Ökologie der Europäischen Landschildkröten bieten. Vor allem Letzteres sollte eine Quelle der Inspiration sein, die Lebensräume unserer Pfleglinge nachzuahmen und deren Lebensweise zu respektieren.

Danksagung

Ich danke meinem guten Freund Ewald Mistelbauer für seine Hilfe bei der Erstellung dieses Berichtes und die Korrektur meiner vielen Tippfehler sowie allen engagierten Schildkrötenhaltern, die keine Kosten und Mühen scheuen, ihren Tieren einen ganzjährigen Freilandaufenthalt zu ermöglichen.

Weiter führende Literatur

Artner, H., A. Budischek & I. Froschauer (2000): Freilandbeobachtungen, Haltung und Nachzucht der Griechischen Landschildkröte *Testudo hermanni boettgeri* Mojsisovics, 1889. – Emys, Reidling 7 (2): 9-27.

Baur, M. (2000): Physiologie und Pathologie der Fortpflanzung bei Schildkröten. – S. 141-165 in: Artner, H. & E. Meier (Hrsg.): Schildkröten. – Münster (Natur und Tier – Verlag).

Abb. 19 ➤
Freigehege für *Testudo horsfieldii*

DENNERT, C. (2001): Ernährung von Landschildkröten. – Münster (Natur und Tier – Verlag), 143 S.

FRIESLEBER, P. (2005): Überwinterung von Europäischen Landschildkröten im Freigehege – ein Erfahrungsbericht. – Schildkröten im Fokus, Bergheim 2 (4): 27-32.

FRITZ, U. (Hrsg.) (2001): Handbuch der Reptilien und Amphibien Europas. Band 3/IIIA Schildkröten (Testudines) I (Bataguridae, Testudinidae, Emydidae) – Wiebelsheim (Aula-Verlag), 594 S.

KIRSCHE, W. (1967): Zur Haltung, Zucht und Ethologie der Griechischen Landschildkröte (*Testudo hermanni hermanni*). – Salamandra, Frankfurt/Main 3 (1-2): 36-66.

KIRSCHE, W. (1997): Die Landschildkröten Europas. Biologie, Pflege, Zucht und Schutz. – Melle (Mergus Verlag) 103 S.

MAYER, R. (1996): Europäische Landschildkröten. Leben – Haltung – Zucht. 2. Auflage – Kempten (Agrar Verlag Allgäu), 127 S.

MINCH, M. (2006): Freilandanlagen für Schildkröten. – Frankfurt (Edition Chimaira), 158 S.

MINCH. M. (Hrsg) (o.J.): Futterpflanzen und mehr. – Internet: www.schildifutter.de

MÜHR, B. (2002): Klimadiagramme weltweit. – Internet: www.klimadiagramme.de, Stand Oktober 2002.

PRASCHAG, R. (2002): Landschildkröten. – Stuttgart (Verlag Eugen Ulmer), 95 S.

PURSALL, B. (1995): Europäische Landschildkröten. – Ruhmannsfelden (bede-Verlag), 96 S.

ROGNER, M. (2005): Griechische Landschildkröten. – Münster, (Natur und Tier – Verlag), 168 S.

SCHNEIDER, T. (2005): Überlegungen zur Gehegebepflanzung für Landschildkröten. – Schildkröten im Fokus, Bergheim 2 (3): 13-20.

SIMON, K. (2000): Planung und Bau einer Freilandanlage für europäische Landschildkröten. – Draco, Münster 1 (2): 42-47.

Tippmann, H. (2000): Die europäischen und mediterranen Landschildkröten der Gattung *Testudo* und ihre Nachzucht. – S. 9-20 in: Artner, H. & E. Meier (Hrsg.): Schildkröten. – Münster (Natur und Tier – Verlag).

Ullrich, W. (1999): Landschildkröten. – Niedernhausen/Taunus (Falken Verlag), 127 S.

Vinke, T. & S. Vinke (2004): Die Rolle ungesättigter Fettsäuren in der Landschildkrötenernährung – eine Annäherung an einen vernachlässigten Aspekt. – Schildkröten im Fokus, Bergheim 1 (2): 11-15.

Wegehaupt, W. (2003): Die natürliche Haltung und Zucht der Griechischen Landschildkröte. – Kressbronn (Wegehaupt-Verlag), 224 S.

Wegehaupt, W. (2004): Sardinien, die Insel der europäischen Schildkröten. – Kressbronn (Wegehaupt-Verlag), 192 S.

Willig, S. (2005): Grundlegendes über Futterpflanzen für Landschildkröten. – Schildkröten im Fokus, Bergheim 2 (3): 25-34.

Wilms, T. (2004): Die Steppenschildkröte *Testudo horsfieldii*. – Münster (Natur und Tier – Verlag), 61 S.

Zirngibl, R. (2000): Ihr Hobby: Griechische Landschildkröten. – Ruhmannsfelden (bede-Verlag), 95 S.

Autorin

Sabine Willig
E-Mail: sabine@pflanzenbestimmung.de
Homepage: www.pflanzenbestimmung.de
www.schilditreff.de

Abb. 20
Blick in das für die Hibernation vorbereitete Frühbeet von *Testudo horsfieldii*

GERHARD EGER, Metzingen

Unterschiede in der Haltung der verschiedenen Griechischen Landschildkröten, *Testudo hermanni hermanni, T. h. boettgeri* und *T. h. hercegovinensis* anhand von jahrelangen Beobachtungen

Ich halte seit mehr als 15 Jahren getrennte Zuchtgruppen von *Testudo hermanni hermanni* und *T. h. boettgeri* sowie *T. h. hercegovinensis*. Die zwei letzt genannten Unterarten wurden viele Jahre zusammen gehalten, und erst seit der „Wiederentdeckung" von *T. h. hercegovinensis* leben die Tiere in getrennten Gruppen, wie ich es bereits beschrieben habe (EGER 2005). Die Größe der Gruppen bewegt sich zwischen 6 und 12 Tieren. Die Unterschiede zwischen den einzelnen Unterarten bezüglich der Haltung sind nach meinen jahrelangen Beobachtungen nicht von großem Ausmaß, eher findet man sie in Kleinigkeiten, die aber nicht übersehen werden sollten.

Vorstellung im Bild

Zunächst möchte ich die verschiedenen Unterarten kurz vorstellen. Natürlich gibt es auch innerhalb der jeweiligen Unterarten, vor allem bei *T. h. boettgeri*, Populationen, die sich auch im Äußeren stark unterscheiden, doch das würde den Rahmen des Artikels sprengen. So stelle ich hier nur ausgewählte

Abb. 1
Portrait einer *Testudo hermanni hermanni*

Abb. 2a und 2b
Pärchen der Westrasse aus Sizilien: Das Gewicht des Weibchens beträgt etwa 850 g, das Männchen wiegt zirka 400 g

Exemplare und grundsätzliche Merkmale vor. Auf den Abbildungen 12 und 13 sehen Sie Tiere, die ich in Griechenland in einem Biotop fotografiert habe. Erkennen Sie selbst die extrem unterschiedliche Färbung.

***Testudo hermanni hermanni*:**
Die so genannte Westrasse der Griechischen Landschildkröte ist nicht nur die kleinste der drei Unterarten, sondern auch die schönste. Das ist sicher eine subjektive Aussage, aber ich empfinde es so. Anhand der folgenden Bilder zeige ich die wichtigsten Unterscheidungsmerkmale zwischen der weit verbreiteten Ostrasse, *Testudo hermanni boettgeri* und der eher seltener gehaltenen Westrasse, *T. h. hermanni*. Allerdings weise ich gleich darauf hin, dass es kein einziges Kennzeichen gibt, das alleinige und ausschließliche Gültigkeit hat. Auf der Porträtaufnahme (Abb. 1) sehen Sie die typisch gelbe Backenzeichnung. Abbildung 3 eines jungen Pärchens von *T. h. hermanni* zeigt, wie farbenprächtig diese Unterart sein kann. Nicht umsonst heißt eines meiner Weibchen „Goldi“. Die beiden sichersten Unterscheidungsmerkmale sind auf Abbildung 4b dargestellt. Die Mittelnaht der beiden Brust- oder Pectoralschilde (grüne Markierung) ist bei *T. h. hermanni* auf jeden Fall kürzer als die der Bein- oder Femoralschilde (rote Markierung). Bei *T. h. boettgeri* ist das Verhältnis gerade umgekehrt. Außerdem ergänzen sich die schwarzen Flecken auf dem Bauchpanzer bei *T. h. hermanni* zu zwei Bändern. Ein weiteres Kennzeichen ist das so genannte „Schlüsselloch“, diese Zeich-

Abb. 3
Sechsjähriges semiadultes Pärchen der Westrasse, Gewicht zirka 150 g

Abb. 4a
Die „Schlüsselloch-Zeichnung" – ein etwas kleineres Pärchen aus Südfrankreich: Das Weibchen wiegt zirka 800 g, das Männchen etwa 350 g

Abb. 4b
Plastronansicht des gleichen Pärchens

nung ist meistens auf dem fünften Wirbelschild vorhanden (Abb. 4a). Oftmals haben Tiere der Westrasse eine sehr helle, ja gelbe Färbung der Haut und der Beschuppung der Vorderbeine (Abb. 5). Von mir gehaltene adulte weibliche Tiere wiegen 700-900 g, die Carapaxlänge reicht von 14-16 cm. Männliche Exemplare erreichen 350-450 g bei 12-14 cm Carapaxlänge.

***Testudo hermanni boettgeri*:**

Die bekannteste Europäische Landschildkröte ist *T. h. boettgeri*, landläufig als die Griechische Landschildkröte bezeichnet. Man spricht auch von der Ostrasse, da ihr Vorkommen östlich des Mittelmeeres liegt. Die von mir gehaltenen Weibchen liegen im Gewicht zwischen 1.500-2.500 g und haben eine Carapaxlänge von 19-23 cm, Männchen zwischen

Abb. 5
Männchen der Westrasse – typisch ist die gelbe Beinfärbung

Abb. 6
Etwas kleineres Pärchen der Westrasse aus Südfrankreich: Das Gewicht des Weibchens beträgt etwa 800 g, das Männchen wiegt zirka 350 g

Abb. 7
Testudo hermanni boettgeri, das Männchen wiegt 1.400 g, die beiden Weibchen wiegen 2.200 und 2.400 g

Abb. 8
Plastronansicht einer *Testudo hermanni boettgeri*

1.000-1.400 g und 17-20 cm. Allerdings gibt es im Verbreitungsgebiet auch einige extrem klein bleibende bzw. extrem groß werdende Populationen.

Auch bei dieser Unterart gibt es einige Merkmale, an denen man sie erkennen kann. Obwohl kein einzelnes allein eine definitive Aussage darüber erlaubt, so kann man doch beim Vorhandensein mehrerer dieser Merkmale von einem Ostrasse-Tier ausgehen. Die beiden wichtigsten Kennzeichen sind das Vorhandensein der Inguinalschilde (Hüftschilde) und dass die Plastronzeichnung aus einzelnen schwarzen Flecken statt einer schwarzen Bänderung besteht. Auf Abbildung 9 erkennt man die kleinen dreieckigen Inguinalschilde von *T. h. boettgeri* im Gegensatz zur Dalmatinischen Landschildkröte, bei der diese in der Regel fehlen. Obwohl bei der Ostrasse meistens nur einzelne schwarze Fle-

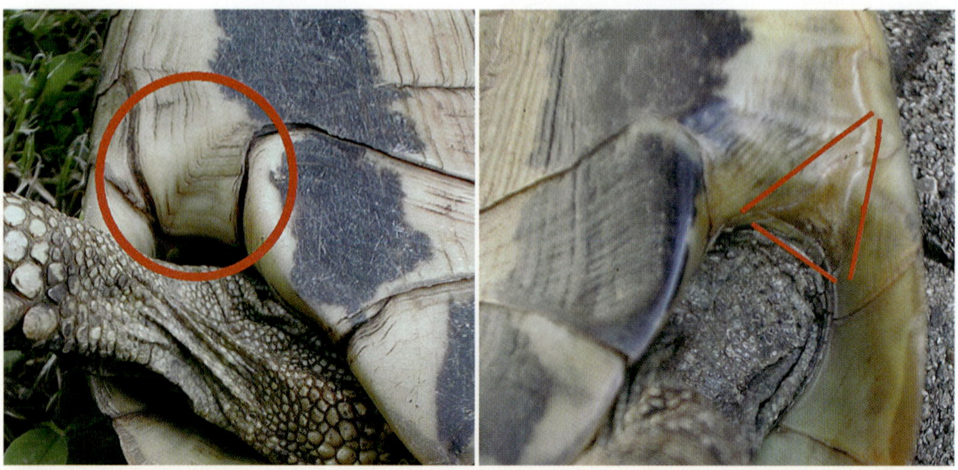

Abb. 9
Der Hauptunterschied zwischen *Testudo hermanni hercegovinensis* (l) und *T. h. boettgeri* (r) – die Inguinalschilde

cken auf dem Plastron vorhanden sind, lebt auf der Peloponnes in Griechenland eine Lokalform, die ein fast vollständig schwarz gezeichnetes Plastron besitzt.

***Testudo hermanni hercegovinensis*:**
Das ist die seit ein paar Jahren „wieder entdeckte“, nach meinem Verständnis dritte Unterart der Griechischen Landschildkröte (vgl. EGER 2005). Man spricht auch von der Dalmatinischen Landschildkröte, weil ihr Hauptvorkommen im Küstenbereich von Dalmatien liegt. Da dies im nördlichsten Verbreitungsgebiet der Griechischen Landschildkröten liegt, ist *T. h. hercegovinensis* auch diejenige, die am wenigsten heikel in den Temperaturansprüchen ist. Man darf sich aber dadurch die Haltung nicht „einfach“ machen wollen, denn auch hier gilt es, die grundsätzlichen Bedürfnisse der Europäischen Landschildkröten zu beachten.

Das Hauptmerkmal ist, dass die Inguinalschilde in der Regel nicht vorhanden sind (Abb. 9). Ein weiteres wesentliches Merkmal sehe ich in der so genannten Bänderung (Abb. 10). Das heißt, dass auf dem Plastron die schwarzen Flecken zu einem „Band“ verbunden sind, jedoch liegen diese „Bänder“ nicht mittig, sondern am äußeren Plastronrand. Weiterhin haben *T. h. hercegovinensis* oftmals eine olivgrüne Beschuppung auf der Kopfoberseite, die allerdings auch manchmal bei *T. h. boettgeri* auftritt.

Die Weibchen wiegen bei mir etwa 800-1.800 g bei 17-21 cm und die Männchen lediglich 600-900 g bei 14-16 cm Carapaxlänge.

Abb. 10
Die außen liegenden schwarzen Bänder bei diesem Weibchen der Dalmatinischen Landschildkröte sind deutlich zu erkennen

Abb. 11
Ein *T. h. hercegovinensis* Weibchen marschiert durchs Freigehege

Abb. 12
Weibchen der Ostrasse mit dunkler Zeichnung des Carapaxes – aufgenommen in Griechenland

Abb. 13
Weibchen der Ostrasse mit sehr heller Zeichnung des Carapaxes – aufgenommen in Griechenland

Abb. 14
Achtjähriges Weibchen von *T. h. boettgeri* im Freigehege der Villa-Testudo

Haltung

T. h. hermanni, die Westrasse, lebt in ihren Heimatländern nur in klimatisch bevorzugten Gegenden. Insofern wird sie allgemein als etwas wärmeempfindlicher als die Ostrasse bezeichnet. Ich selbst pflegte noch nie eine diesbezüglich erkrankte *T. h. hermanni*, also kein Tier, das erkältet war. Man kann jedoch beobachten, dass sie die Wärme am meisten lieben. Sie bleiben länger im Frühbeet als die anderen Unterarten. Aus diesem Grund habe ich die Südseite ihres Frühbeetes mit einer Alltop-Verglasung (UV-Strahlen durchlässiges Plexiglas) versehen. Dadurch erhalten meine Tiere auch im Frühbeet die notwendigen UV-Strahlen. Eine Heizung ist bei der Haltung von *T. h. hermanni* deshalb nach meiner Einschätzung auch im Frühbeet notwendig. Im Frühling und besonders im Herbst bietet es sich des Weiteren an, während besonders kühler und dunkler Tage mit einem Hellstrahler (120 Watt-Spotstrahler) mehr Licht und Wärme zu geben.

Abb. 15
Dreijährige *T. h. boettgeri*, die sehr interessiert schaut und gerne klettert

Bei *T. h. hercegovinensis* fällt mir auf, dass sie auch bei kühleren Temperaturen noch aktiv ist. Vielleicht ist dies durch den höheren Schwarzanteil des Panzers bedingt, da die Schildkröten sich deshalb schneller aufheizen können.

Für *T. h. boettgeri* und *T. h. hercegovinensis* heize ich im Frühbeet tagsüber nicht zusätzlich, lediglich in kalten Nächten verwende ich einen Dunkelstrahler (Elsteinstrahler). Ich heize auf einer Fläche von 1 m² mit 100 Watt Leistung. So kann ich bei einem ordentlich isolierten Frühbeet die Tiere bis –5 °C Außentemperatur dort belassen, denn im Frühbeet wird dann die 10 °C-Marke noch nicht unterschritten. Besonders im Frühherbst erscheint mir das notwendig, um eine zu frühe Vorbereitung auf die Winterruhe zu verhindern. Ich strebe an, dass diese beiden Unterarten bis Mitte Oktober am Futter bleiben.

Bei *T. h. hermanni* erreiche ich durch eine stärkere Zuheizung bzw. eine helle Lampe, dass sie bis Ende Oktober aktiv bleiben. In ihrem Frühbeet verwende ich einen Spotstrahler mit 120 Watt, damit können sich auch mehrere Tiere aufheizen.

Alle Frühbeete sind mit automatischen Fensteröffnern versehen. Beim Frühbeet von *T. h. hermanni* habe ich jedoch einen speziellen Öffner eingebaut, der erst bei einer wesentlich höheren Temperatur reagiert. Dieser hebt den Fensterflügel erst ab 27 °C, gegenüber 20 °C bei den handelsüblichen Öffnern aus dem Gewächshausbau in den anderen Frühbeeten.

Abb. 16
Ein *T. h. hercegovinensis* Weibchen im Freigehege auf dem Legehügel

Bezüglich der Ernährung mache ich keine Unterschiede. Alle erhalten das gleiche Futter. Als Schwabe sage ich: Das Unkraut aus dem Garten ist das beste Schildkrötenfutter! Das bedeutet, dass die Wildkräuter von der Wiese gefüttert werden sollten – z. B. Löwenzahn, Spitz- und Breitwegerich, alle Distelarten, Lattich, Giersch, Klee, bis hin zu Taubnesseln usw. Eine regelmäßige Zugabe von Heu empfinde ich bei allen Arten als wichtig, deshalb biete ich den Tieren in Wasser aufgelöste Heupellets an, beispielsweise Herbs von der Firma Agrobs. Im Frühling und Herbst werden diese zweimal in der Woche, im Sommer jeden zweiten Tag gereicht. Ab und

Abb. 17
T. h. hercegovinensis Weibchen läuft durch das Freigehege

an mische ich geraspelte Möhren oder Salatgurke darunter. Angeboten werden darüber hinaus Sepiaschale (Tintenfischschulp) in kleinen Stücken und zerkleinerte Eierschalen von gekochten Hühnereiern. An diesen Teilen wird gern geknabbert, da sie als Calciumlieferanten dienen. Grundsätzlich wird kein Obst gefüttert.

Aktivität

Bezüglich der Aktivitätszeitpunkte und -dauer empfinde ich keine großen Unterschiede. Alle Tiere sind bei Gelegenheit, sprich Sonnenschein, früh unterwegs, um sich an den Sonnenplätzen aufzuheizen. Nach einer mehrstündigen Aktivitätsphase, die von Futtersuche, Fressen und zeitweiligem Balz- und Paarungsverhalten geprägt ist, folgt eine ebenfalls mehrstündige „Siesta", sprich Ruhephase. Diese wird entweder in der Schlafhöhle oder bei angenehmen Temperaturen im lichten Schatten in einem Gestrüpp verbracht (Abb. 18). Am Spätnachmittag – bzw. bei Temperaturen im Bereich von 30 °C erst in den Abendstunden – sind die Tiere nochmals für eine kurze Zeit zum Fressen aktiv und verschwinden dann in der Schlafhöhle oder graben sich oberflächlich ein.

Verhalten, Balz und Paarung

Als ich *T. h. boettgeri* und *T. h. hercegovinensis* noch gemeinsam gehalten hatte, stellte ich fest, dass sich zwei Männchen auffallend ruhig verhalten haben. Sie wurden von den anderen, größeren Männchen auch öfters angegriffen. Dadurch lebten sie zurückgezogen. Der Grund wurde mir erst später klar, als ich feststellte, dass diese beiden Männchen *T. h. hercegovinensis* zuzuordnen waren. Erst nach der Separierung der Gruppen lebten die Männchen auf.

T. h. hermanni halte ich von Anfang an als eine eigenständige Gruppe, insofern kann ich vom Verhalten zu den anderen Unterarten

Abb. 18
Ein Weibchen der Dalmatinischen Landschildkröte ruht im lichten Schatten, Gewicht 900 g

nichts berichten. Das Balz- und Paarungsverhalten ist bei allen drei Unterarten an und für sich gleich. Auch im Tagesablauf ist das Verhalten nicht unterschiedlich. Es fällt jedoch auf, dass sich *T. h. hermanni* längere Zeit im Frühbeet aufhalten, wenn man das mit *T. h. hercegovinensis* vergleicht. Eine gesteigerte Paarungsaktivität ist für eine sehr kurze Zeit im Frühjahr festzustellen. Sobald die Eiablage bei den Weibchen beendet ist – bei mir in der Regel Ende Juni – folgt eine weitere Paarungszeit, die bis Mitte September anhält und nur durch einige heiße Tage im Hochsommer unterbrochen wird. Insgesamt gesehen kann man bei allen drei Unterarten von *Testudo hermanni* keinesfalls von Paarungswut sprechen. Die anderen von mir gehaltenen *Testudo*-Arten, insbesondere *Testudo graeca*, sind in dieser Beziehung wesentlich aktiver. Insofern kann ich ein Geschlechterverhältnis von 1:2 (Männchen zu Weibchen) durchaus empfehlen.

Eiablage

Diese geschieht bei meiner Haltung im Zeitraum von Ende April bis maximal Anfang Juli. Eine Auswertung meiner schriftlichen Aufzeichnungen über viele Jahre hinweg ergab folgende Regelmäßigkeiten:

- *T. h. hercegovinensis* sind oftmals unter den ersten Tieren im Frühjahr, die ihre Eier legen.
- *T. h. hermanni* sind sehr ortstreu im Legeverhalten und lieben feuchte Böden.
- *T. h. boettgeri* suchen oftmals harten Boden.

Die Größe der Gelege bewegt sich normalerweise bei *T. h. hermanni* zwischen zwei und vier Eiern, bei *T. h. hercegovinensis* zwischen drei und fünf Eiern und bei *T. h. boettgeri* zwischen vier und sechs Eiern. Die meisten Weibchen legen zwei Gelege ab. Bei manchen Weibchen gibt es auch ein Drittgelege. Hier gibt es zwischen den drei Unterarten keine Unterschiede. Naturgemäß, haupt-

Abb. 19
T. h. hercegovinensis Gruppe beim Fressen von aufgeweichten Heupellets der Firma Agrobs, zwei Nachzuchtjungtiere im Alter von 8 und 10 Jahren sind auch dabei

Abb. 20
T. h. hercegovinensis Weibchen im Freigehege

sächlich bedingt durch die Größe der Weibchen, sind die Eier von *T. h. hermanni* am kleinsten und die von *T. h. boettgeri* am größten.

Inkubation

Ich inkubiere die Eier offen auf trockenem Sand in drei Bruja-Inkubatoren mit drei unterschiedlichen Temperaturen, alle ohne Nachtabsenkung. Die Luftfeuchtigkeit halte ich im Bereich zwischen 60 % und 80 %.

Die Eier von *T. h. hercegovinensis* werden bei 30,5 °C und die von *T. h. hermanni* bei 32,5 °C bebrütet. Mit unterschiedlichen Temperaturen inkubiere ich die Eier von *T. h. boettgeri*, nämlich mit 31,5 °C bzw. 32,5 °C. Bis Mitte der 90er-Jahre inkubierte ich die Eier aller Unterarten bei einer Temperatur zwischen 30-31 °C und erhielt dadurch eine hohe Anzahl von männlichen Tieren. Danach erhöhte ich dann auf 33 °C und erhielt eine hohe Anzahl von Tieren mit Anomalien. Ende der 90er-Jahre reduzierte ich dann die Temperatur von denjenigen Weibchen, aus deren Eier Tiere mit den meisten Anomalien aufgetreten sind. Nach drei Jahren lag ich dann bei bestimmten Weibchen bei 31,5 °C und bei anderen bei 32,5 °C, ohne dass noch viele Anomalien aufgetreten sind. Für *T. h. hercegovinensis* war zur Vermeidung von Schildanomalien eine noch deutlichere Temperaturabsenkung notwendig (vgl. EGER 2005).

Abb. 21
Ein *T. h. hermanni* Pärchen im Freigehege auf dem Legehügel

Abb. 22
Altes Weibchen von *T. h. boettgeri*, in Griechenland fotografiert

Die Tiere schlüpfen dann etwa zwischen dem 52. Tag und 62. Tag. Selbst bei den Schlüpflingen sind die Hauptmerkmale der verschiedenen Unterarten sichtbar (Abb. 24). Man erkennt die vorhandenen Inguinalschilde bzw. das Fehlen derselben sowie die schwarzen Flecken bzw. den Ansatz von Bänderung sowie die Nahtlänge der Brust- und Beinschilde.

Aufzucht der Jungtiere

T. h. hermanni hat die kleinsten Schlüpflinge, sie sind in Einzelfällen nur 6 g schwer, in der Regel liegen sie jedoch zwischen 10-14 g. Bei *T. h. boettgeri* sind Schlüpflinge am größten und schwersten. Aus den größeren, knapp 30 g schweren Eiern schlüpfen Tiere mit 21-23 g. Die Bandbreite der normalgewichtigen Schlüpflinge liegt zwischen 14-18 g. *T. h. hercegovinensis* liegt sowohl bezüglich der Eigröße als auch des Schlupfgewichts dazwischen. Schlüpflinge dieser Unterart bringen 12-16 g auf die Waage.

Bei mir werden alle Schlüpflinge am Anfang in ein Frühbeet gebracht. In den ersten sechs Wochen leben sie darin in 60×80 cm großen Kunststoffboxen. Die Tiere leben sehr versteckt in einem Substrat aus Mutterboden, Kokosfaser und etwas Sand, das mit einer Mulchschicht aus Grasschnitt, Stroh und Heu abgedeckt ist. Dort ist ein sehr feuchtes Mikroklima vorhanden. In dieser Phase strecken sich die Tiere und erhalten eine sehr schöne Panzerform. Nach dieser Zeit werden die Schlüpflinge aus der Box in das (beheizbare) Frühbeet umgesetzt und verbleiben dort bis zur Winterruhe. Die Winterstarre selbst verbringen sie in mit Kokosfasersubstrat gefüllten Boxen im Kühlschrank.

Die Aufzucht von *T. h. hermanni* ist nach meiner Erfahrung am schwierigsten, da sie bei Trockenheit des Substrats sehr schnell mit Höckerbildung reagieren. Deshalb ist es bei der Jungtieraufzucht dieser Unterart besonders schwierig, ein glattes Panzerwachstum zu erreichen. Hier sind ein immer feuchtes Substrat und eine zurückhaltende Fütterung besonders wichtig. Auf trockenes Substrat reagieren Schildkröten dieser Unterart auch am schnellsten mit Augenproblemen, das heißt mit einer Reizung der Schleimhäute.

T. h. hercegovinensis macht in dieser Beziehung dagegen keinerlei Probleme. Trotzdem ist die Einhaltung einer entsprechenden Feuchtigkeit bei allen Unterarten sehr wichtig.

Das Wachstum geht bei *T. h. boettgeri* am schnellsten vorwärts. Auch wenn dies nicht gefördert werden sollte, so sind *T. h. boettgeri*

Abb. 23
Siebenjähriges Jungtier der Ostrasse, die gelben Blüten des Ginsters werden gerne gefressen

trotzdem diejenigen, die recht zügig wachsen. So sind Gewichte von 100 bis 150 g bei *T. h. boettgeri* mit drei Jahren (Abb. 15) und bei *T. h. hermanni* mit fünf Jahren zu erreichen. Derzeit halte ich ein sechsjähriges Pärchen von *T. h. hermanni*, das Männchen wiegt 148 g und das Weibchen 141 g (Abb. 3).

Winterstarre

T. h. hercegovinensis zeigt im Herbst am frühesten Anzeichen der Vorbereitung auf die Winterstarre. Sie hat bei mir in der Frühbeet-Freianlage eine sehr lange Vorbereitungszeit von mindestens zwei Monaten. Von Ende Oktober bis Mitte März befinden sich die Tiere dieser Unterart in der Winterstarre. Diese Schildkröten benötigen nach meiner Beobachtung auch die längste Zeit, bis sie im Frühling wieder vollständig aktiv sind. Bei manchen meiner Tiere kann dies bis zu vier Wochen dauern.

Bei *T. h. hermanni* ist das gerade umgekehrt. Diese Unterart starrt bei mir etwa 3,5 Monate, also von Mitte November bis Anfang März. Die Vorbereitungszeit verläuft hier kürzer, die Tiere bleiben länger am Futter und sind nach der Winterruhe innerhalb weniger Tage aktiv.

Unterschiede bezüglich der Temperaturbereiche für die Winterstarre habe ich bei den drei Unterarten nicht festgestellt. Ich halte *T. h. boettgeri* seit einigen Jahren ganzjährig im Freiland mit einer Überwinterungsgrube. Auch meine *T. h. hercegovinensis* werden, nachdem sie sich eingegraben haben, in das Gewächshaus mit der Überwinterungsgrube umgesetzt und starren dort. *T. h. hermanni* überwintern bei mir im Kühlschrank bei einer Temperatur von zirka 6 °C.

Literatur

Eger, G. (2005): Gemeinsame Haltung von *Testudo hermanni boettgeri* und *Testudo (hermanni) hercegovinensis* – Erfahrungen eines Züchters über einen längeren Zeitraum und Auswertung der Nachzuchtdaten. – Schildkröten im Fokus, Bergheim 2 (2): 25-30.

Autor

Gerhard Eger
Helmholtzstraße 33
72555 Metzingen
E-Mail: webmaster@villa-testudo.de
Homepage: www.villa-testudo.de

Abb. 24
Plastronansicht von Schlüpflingen der drei unterschiedlichen Unterarten: links *T. h. hermanni* – mittig *T. h. hercegovinensis* – rechts *T. h. boettgeri*

Hans-Jürgen Bidmon, Düsseldorf

Aquarienheizer, Wasserkanister und Basaltsäulen zur Temperierung von Frühbeeten und Legehügeln während der Freilandhaltung von Schildkröten: Langjährig erprobte, praktikable Alternativen

Seit mehreren Jahren beschäftigte ich mich mit der Haltung und später auch mit der Vermehrung verschiedenster Europäischer und Tropischer Landschildkröten. Am Anfang waren – wie so oft – nicht alle Versuche von Erfolg gekrönt. Zudem sorgten dann später berufsbedingt nicht weniger als 16 Umzüge dafür, dass ich immer wieder vor neue Anforderungen bei der Planung der Außengehege gestellt wurde. Gärten, Lagen und lokale Klimate unterscheiden sich eben doch deutlicher als die Zimmereinrichtungen, die, solange die vier Wände rechte Winkel bilden, meist nur in der Quadratmeterzahl variieren.

Diese Umstände verursachten, dass ich, solange ich nicht auf die Pfleglinge verzichten wollte, die Außengehege weit gehend mobil planen musste, damit im Bedarfsfall ein schneller Umbau möglich war. Das führte dazu, fast ausschließlich mit Frühbeeten zu arbeiten, und dabei habe ich durchaus gute Erfahrungen gemacht. Deshalb würde ich heute nicht mehr auf den Einsatz von Frühbeeten verzichten wollen (Bidmon 2002). Ein bedeutender Vorteil ist, dass in Frühbeeten mit einer maximalen Höhe von 57-60 cm (Abb. 1) auch am Boden höhere Temperaturen erreicht werden, die man in hohen Gewächshäusern oft nur unter dem Dach oder sehr lokal am Boden vorfindet, da warme Luft eben aufsteigt (siehe dazu auch Mähn 2001). Nun, einem selbst erscheint ja das Alltägliche zu gewohnt, als es extra hervorzuheben, aber da mit der Zeit immer mehr Fragen aufkamen, möchte ich, die mir wichtig erscheinenden Punkte hervorheben und vielleicht dem einen oder anderen Interessierten zum Ausprobieren empfehlen. Deshalb gehe ich hier kurz auf eine Möglichkeit zur Beheizung von Frühbeeten und Legehügeln ein, die sich unter meinen Bedingungen als ausgezeichnet und kostengünstig erwiesen und seit mehr als 20 Jahren in verschiedenster Weise bewährt hat.

Wasserkanister als Frühbeetheizung

Als erstes möchte ich kurz meine Frühbeetbeheizung vorstellen. Hierzu benutze ich zwar auch Lichtquellen wie Flächenstrahler

Abb. 1
Einblick in den Teil des Frühbeets der Europäischen Landschildkröten, welcher am Morgen mit Weiß- und Rotlicht bestrahlt wird

und Infrarotstrahler, aber diese werden nur kurz nach der Winterruhe für ein bis zwei Stunden am frühen Morgen eingesetzt, um den Schildkröten ein schnelles Aufwärmen zu ermöglichen. Ansonsten habe ich ganzjährig in allen Frühbeeten (Beckmann, Wangen 1,04×3,00 m bzw. Juwel 0,8×2,5 m) meist zwei 12 Liter, 25 Liter oder 35 Liter fassende Wasserkanister etwa 15-18 cm tief in den Boden eingelassen oder auf dem Boden liegen. Je nach Verwendung und Innengestaltung stehen sie oder liegen waagerecht. Die Wasserkanister sind maximal gefüllt und in ihrem Schraubverschluss befindet sich eine Bohrung, in die ein Aquarienheizstab eingesetzt ist – mit 50 Watt bei 12 Liter, 200 Watt bei 25 Liter und 250 Watt bei 35 Liter fassenden Kanistern (Abb. 2-3). Sowohl von innen als auch von außen wird die Bohrung um den Aquarienheizstab mit Silikon abgedichtet, wobei man das Silikon gut aushärten lassen muss (mehrere Tage), ehe man die Kanister einsetzt und beheizt (für Details siehe Bidmon 2006).

Mancher mag sich fragen, warum für so wenig Wasser so hohe Wattzahlen? Dies begründet sich in der Länge der Heizstäbe, da sie zumindest bei aufrecht stehenden Kanistern immer bis kurz über den Boden reichen müssen. Im Gegensatz zum Aquarium gibt es im Kanister keine Umwälzpumpe, so dass das warme Wasser allein der Schwerkraft folgend von unten nach oben aufsteigt. Somit

Abb. 2a-c
Dargestellt sind zwei Bereiche des Frühbeets für adulte Sternschildkröten (a-b) und einer im Frühbeet für die adulten Strahlenschildkröten (c) mit entsprechend beheizten 35 Liter Wasserkanistern. Sternschildkrötenweibchen beim Verzehr eines noch unreifen Kürbis, einem sehr beliebten Herbstfutter (b). Gleiches gilt natürlich auch für die Europäischen Landschildkröten, insbesondere dann, wenn die Freigehege zum Beispiel durch den Bewuchs der Nachbargrundstücke zeitweise beschattet werden, sind solche Maßnahmen unerlässlich.

würde ein 25 oder 50 Watt starker Heizstab, der nur 15-20 cm tief in den Kanister eintaucht, nur die obersten 20 cm der Wassersäule erwärmen, während der untere Teil relativ kalt bleiben würde. Lediglich waagerecht liegende Kanister, bei denen der Aquarienheizstab unten zum Liegen kommt, heizen auch mit geringerer Wattstärke die gesamte Wassermenge im Kanister auf (siehe HOEKSTRA & BIDMON 2006).

Da alle meine Frühbeete einen Auslauf haben, über den die darin gehaltenen Schildkröten ins Freie gelangen können, lasse ich die Frühbeetdeckel geschlossen, so dass es unter den Deckeln zu sehr hohen Temperaturen kommt, wenn die Sonne darauf scheint. Diese Wärme reicht in der Regel aus, die meist schwarz, dunkelblau oder grün gefärbten Kanister so aufzuheizen, dass selbst an kühlen sonnigen Frühjahrs- bzw. Herbsttagen am Nachmittag Wassertemperaturen von knapp über 40 °C im oberen Kanisterteil keine Seltenheiten sind. Insofern handelt es sich um eine preisgünstige Heizung, da der Heizstab auf maximal 32-34 °C einzustellen ist und bei Erreichen dieser Temperatur sofort abschaltet. Selbst gegen Mitternacht sind die Kanister oft noch wärmer als 34 °C, so dass die Heizung und damit die Energiekosten nur in den frühen Morgenstunden und an sehr grau verhangenen, kühlen Regentagen zum Tragen kommen. Außerdem ist dieses Prinzip recht sicher. Wenn ein Heizstab tatsächlich einmal ausfällt, fliegt nur die Sicherung raus und das ist mit keiner Brandgefahr im wassergefüllten Kanister verbunden.

Unter Rotlichtlampen habe ich zwar noch nicht viele, aber eben doch schon einige ge-

Abb. 3a-d
Skizze (a) des Unterschlupfs für die adulten Sri-Lanka Sternschildkröten am anderen Ende des Frühbeets (b). Dieser Unterschlupf hat die Maße 80×80×25 cm (L×B×H) und umschließt einen beheizten 25 Liter fassenden Wasserkanister. Zur besseren Verdeutlichung des Aufbaus siehe c und d.

fährliche Situationen erlebt, wenn die Schildkröten zufällig etwas Brennbares wie Heu oder trockene Futterpflanzen direkt unter die Lampe geschoben hatten.

Lediglich bei waagerecht liegenden Wasserkanistern muss man selbstverständlich die Silikonabdichtung regelmäßig kontrollieren, damit das Wasser nicht ausläuft, und der Außenteil des Heizstabs muss natürlich so geschützt liegen, dass er nicht von größeren Schildkröten beschädigt werden kann, die in der Nähe des warmen Kanisters graben. Mit dieser Art der Frühbeetbeheizung erreicht man eine hervorragende Temperie-

Abb. 4a-d
Anlage der Nistgruben in unmittelbarer Nähe zu beheizten Kanistern bei der nördlichen Form der Indischen Sternschildkröten (a-c) und bei kühlem Wetter auch bei der Madagassischen Strahlenschildkröten *G. radiata* (d). Weibliche Sternschildkröten brauchen ihre extrem langen Krallen der Hinterbeine zum Graben, wie hier beim Verschluss der Nistgrube deutlich zu sehen ist (b), im Anschluss daran kann man das Festtreten des Substrats über und um die Nistgrube herum beobachten (c). Man sieht, dass die Farbe der Wasserkanister (weiß, blau, schwarz) den Tieren bei der Eiablage egal ist.

rung während kühler Nächte, wobei es auch nicht zu warm wird. Zudem kommt es zu einer nur langsamen Abkühlung, da die Wassermenge die Wärme sehr lange speichert. Im Gegensatz dazu ist die Wärme nach dem Erlöschen einer Wärmelampe sehr schnell weg. Ein weiterer Vorteil ist, dass das Wasser selbst an kühlen, sonnigen Spätherbsttagen in den Kanistern von der Sonne aufgeheizt wird und die Wärme während der Nacht langsam abgibt, so dass man sogar bei einem Stromausfall meist noch eine gewisse Temperierung gewährleistet hat. Die Tiere nutzen diese Wärme, denn sie ruhen häufig in unmittelbarer Nähe zu den Kanistern (Abb. 2-3).

Temperierte Legehügel

Es erklärt sich fast schon von selbst, dass die Schildkröten im Frühbeet an kühleren Tagen direkt neben diesen Kanistern ihre Nester zur Eiablage graben (Abb. 4a-d) (Bidmon 2002). Deshalb war es auch keine besondere Erkenntnis, diese Methode darüber hinaus zur Beheizung von Legehügeln – sowohl innerhalb eines Frühbeets als auch außerhalb desselben – zu nutzen. Allerdings kann man hier durchaus auf die kleinen 10-12 Liter fassenden Kanister zurückgreifen. Wenn sie etwa 15-20 cm tief in das Substrat eingegraben sind, erwärmen sie dieses genau in der richtigen Tiefe für die Ablagegruben der Schildkröten (Abb. 4-7). Eine solche artifizielle Beheizung der Legehügel hat sich insbesondere bei verschiedenen Arten tropischer Landschildkröten bewährt (Bidmon 2006, Hoekstra & Bidmon 2006). Darüber hinaus wäre sie sicherlich auch für die Haltung von Seychellen-Riesenschildkröten und Galapagos-Riesenschildkröten einsetzbar, die erst spät in der Dunkelheit ablegen (Swingland & Coe 1978, 1979, Furrer et al. 2006) – genauso wie für diverse Sumpf- und Wasserschildkröten, die ebenfalls spät am Nachmittag oder sogar nachts zur Eiablage schreiten (bspw. Danko 2005 oder Bowen et al. 2005).

Abb. 5a-c
Sequenz der Eiablage eines *Testudo marginata* Weibchens im zeitigen Frühjahr am Freilandlegehügel in unmittelbarer Nähe des beheizten Kanisters: Ausheben (a) und Verschließen der Nistgrube (b). Blick auf das eröffnete Gelege (c).

Die verschiedensten Schildkröten sind dafür bekannt, dass sie mittels so genannter Probegrabungen nach geeigneten Nistplätzen suchen und einige Daten sprechen dafür, dass neben dem Geruch (Swingland & Coe 1978, Rogner 2005) dabei nicht so sehr die Oberflächentemperatur entscheidend ist, sondern die Bodentemperatur, die in einer gewissen Tiefe vorgefunden wird (Riley et al. 2005). Und da kann man mit den Kanistern ideale Bodentemperaturgradienten schaffen, welche sonst – insbesondere während der nächtlichen – Freilandhaltung in Mittel- bzw. Nordeuropa nur ausnahmsweise an extrem warmen Tagen oder Sommern auftreten würden. Die von den Tieren oft über mehrere Tage hinweg durchgeführte Suche nach einem geeigneten Nistplatz wird verständlich, wenn man sich vor Augen hält,

Abb. 6 a-d
Testudo h. boettgeri Weibchen bei der Anlage der Nester am beheizten Legehügel. Mein ältestes Weibchen (a), dessen Tochter (b) und ein Weibchen, das mir S. & T. Vinke überlassen haben, bei seiner ersten Eiablage in der neuen Heimat (c-d).

welche Bedeutung dieser für den sich entwickelnden Nachwuchs haben kann. Das ist ein Umstand, der bis heute nur für wenige Arten untersucht wurde (Bull 1985, Booth 1998, Weisrock & Janzen 1999, Kolbe & Janzen 2002, Morjan 2003, Freedberg et al. 2004, van de Merwe et al. 2005, Rowe et al. 2005, Bowen et al. 2005).

Als Resümee kann festgestellt werden, dass bislang Weibchen von allen von mir gehaltenen Schildkrötenarten bei entsprechender Witterung die mit Kanistern beheizten Ablageplätze erfolgreich genutzt haben (Abb. 4-7). Die Aquarienheizer stellen dabei sicher, dass es zu keiner Überhitzung kommt, was zum Beispiel beim Einsatz vertikal gestellter Heizmatten nur aufwändig über zusätzliche Temperaturregler zu vermeiden wäre.

Auch wenn diese Methode bei Europäischen Landschildkröten durchaus praktikabel ist, kann man sich für diese zusätzlich oder alternativ eine vom Stromnetz unabhängige „Legehügelheizung“ durch wärmespeichernde Steine anlegen, da sie dafür bekannt sind, dass sie gern vormittags bei aufsteigender Sonne legen. Ich verwende dazu Basaltsäulen, die man ebenfalls etwa 20 cm tief, aufrecht stehend in das Substrat des Legehügels einlassen kann. Grundvoraussetzung ist hier natürlich, dass der Legehügel bei unseren deutschen Klimaten so angelegt sein muss, dass er von Sonnenaufgang bis nach Möglichkeit zum frühen Nachmittag von der Sonne beschienen wird. Der dunkle Stein heizt sich in der Sonne hervorragend auf. Er strahlt die Wärme in die unmittelbare Umgebung ab, dabei leitet er auch einen Teil der Wärme nach unten ins Substrat ab, so dass die Schildkröten schon sehr früh am Tag entsprechend warme Niststellen finden (Abb. 8a-b). In offenen, vegetationsfreien Gehegebereichen genügt es, größere Basalt-

Abb. 7
An sehr warmen Sommertagen werden die Eier auch weit entfernt vom Kanister an den Rändern des Legehügels abgelegt. Oben neben der Breitrandschildkröte gräbt ein altes Tier und vorne unten ein junges Weibchen.

Abb. 8a-b
Der zweite von einer Basaltsäule passiv beheizte Legehügel mit grabenden Jungweibchen, links im Hintergrund liegt der Rand des beheizten Hügels (a). Dieses Weibchen hat eine Vorliebe für die Säule auch beim Zweitgelege (b).

steine oder Säulen waagerecht einige Zentimeter tief einzugraben, so dass die Sonne direkt auf sie scheint und sie erwärmt. Auch hier suchen die Schildkröten dann sehr gern und ausgiebig nach einer optimal temperierten Niststelle und legen ihre Eier ab.

Ein solches Beispiel ist in Abb. 9a-b gezeigt, dort ist eine flach liegende Basaltsäule am Rande der Sandfläche eines ausgedienten Kindersandkastens im Garten eingegraben worden. Sicherlich gibt es weitere Möglichkeiten, um geeignete, temperierte Nistplätze zu schaffen (vgl. Rogner 2005), wobei auch häufig überdachte, vor Wind geschützte Hügel angelegt werden. Allerdings haben diese meiner Erfahrungen nach eines nicht verhindern können, nämlich dass solche überdachten Stellen meist von allen sich im Gehege aufhaltenden Tieren als Ruheplatz aufgesucht werden, was mit erheblichen Störungen der legewilligen Weibchen einhergeht. Natürlich begeben sich auch andere Schildkröten in die Nähe aufgeheizter Steine oder beheizter Kanister, allerdings weit weniger häufig, als dies bei überdachten Installationen der Fall ist. Durch das Auslegen mehrerer sich aufheizender dunkler Steinplatten für die Wärme suchenden Tiere, kann man leicht entsprechende Ausweichmöglichkeiten schaffen. Nach meinen Beobachtungen können mit diesen Methoden zur Legehügeltemperierung die meisten der von Innis & Boyer (2002) beschriebenen Probleme behoben werden, die dazu führen können, dass es zu einer durch die Umwelt oder klimatisch verursachten Legenot kommt.

Literatur

Bidmon, H.-J. (2002): Die Indische Sternschildkröte, *Geochelone elegans* (Schoepff, 1795) Eine problematische tropische Landschildkröte? Mehrjährige Haltung und Vermehrung in Deutschland. Teil 3: Nachzucht. – Reptilia, Münster 7 (2): 56-62.

Bidmon, H.-J. (2006): Eine kostengünstige Methode zur Inkubation von Landschildkrötengelegen. – Schildkröten im Fokus, Bergheim 3 (1): 25-31.

BOOTH, D. T. (1998): Nest temperature and respiratory gases during natural incubation in the broad-shelled river turtle, *Chelodina expansa* (Testudinata: Chelidae). – Australian Journal of Zoology 46: 183-191.

BOWEN, K. D., R. J. SPENCER & F. J. JANZEN (2005): A comparative study of environmental factors that affect nesting in Australian and North American freshwater turtles. – Journal of Zoology, London 267: 397-404.

BULL, J. J. (1985): Sex-ratio and nest temperature in turtles – comparing field and laboratory data. – Ecology 66: 1115-1122.

DANKO, S. (2005): Die letzten Sumpfschildkröten im Osten der Slowakei? – Marginata, Münster 2 (4): 52-57.

FREEDBERG, S., A. L. STUMPF, M. A. EWERT & C. E. NELSON (2004): Developmental environment has long-lasting effects on behavioural performance in two turtles with environmental sex determination. – Evolutionary Ecology Research 6: 739-747.

FURRER, S. C., R. E. HONNEGER & J.-M. HATT (2006): Propagation of *Geochelone nigra* at Zoo Zürich, Switzwerland. The first ten years. – S. 328-337 in: ARTNER, H., B. FARKAS & V. LOEHR (Hrsg.): Turtles: Proceedings of the International Turtle and Tortoise Symposium, Vienna 2002. – Frankfurt (Edition Chimaira).

HOEKSTRA, R. & H.-J. BIDMON (2006): *The secret tortoise: Geochelone platynota*, die Burmesische Sternschildkröte – eine noch weit gehend unbekannte Landschildkröte. – Schildkröten im Fokus, Bergheim 3 (3): 3-22.

INNIS, C. J. & T. H. BOYER (2002): Chelonian reproductive disorders. – The veterinary clinics of North America: Exotic Animal Practice 5 (3): 555-578.

KOLBE, J. J. & F. J. JANZEN (2002): Impact of nest-site selection on nest success and

Abb. 9a-b
Kurze Sequenz der Nistaktivität eines Altweibchens, aufgenommen 1987 in Hassenhausen bei Marburg, wo wir den Kindersandkasten unserer Vormieter mit Amöneburger Basaltsäulen zur Nistfläche umgewandelt hatten. Nachdem das Weibchen die verschlossene Niststelle verlässt, sieht man kaum noch, wo sie gewesen ist (b).

nest temperature in natural and disturbed habitats. – Ecology 83: 269-281.

MÄHN, M. (2001): Zur Haltung und Nachzucht der Braunen Landschildkröte, *Manouria emys emys* (SCHLEGEL et MÜLLER, 1844). – Draco, Münster 2 (4): 50-55.

MORJAN, C. L. (2003): How rapidly can maternal behavior affecting primary sex ratio evolve in a reptile with environmental sex determination? – American Naturalist 162: 205-219.

Riley, C. M., R. V. Anderson & S. E. Jenkins (2005): Nesting habitat of the softshell turtle, *Trionyx mutica*, below lock and dam 19, upper Mississippi River. – Journal of Freshwater Ecology 20: 513-517.

Rogner, M.(2005): Die Griechischen Landschildkröten. – Münster (Natur und Tier – Verlag) 168 S.

Rowe, J. W., K. A. Coval & M. R. Dugan (2005): Nest placement, nest-site fidelity and nesting movements in midland painted turtles (*Chrysemys picta marginata*) on Beaver Island, Michigan. – American Midland Naturalist 154: 383-397.

Swingland, I. R. & M. Coe (1978): Natural regulation of giant tortoise populations on Aldabra-Atoll – Reproduction. – Journal of Zoology 186: 285-309.

Swingland, I. R. & M. Coe (1979): Natural regulation of giant tortoise populations on Aldabra-Atoll – Recruitment. – Philosophical Transactions of the Royal Society of London Series B – Biological Sciences 286: 177-188.

van de Merwe, J., K. Ibrahim & J. Whittier (2005): Effects of hatchery shading and nest depth on the development and quality of *Chelonia mydas* hatchlings: implications for hatchery management in Peninsular, Malaysia. – Australian Journal of Zoology 53: 205-211.

Weisrock, D. W. & F. J. Janzen (1999): Thermal and fitness-related consequences of nest location in Painted Turtles (*Chrysemys picta*). – Functional Ecology 13: 94-101.

Autor

Hans-Jürgen Bidmon
E-Mail: hjb@hirn.uni-duesseldorf.de

Abb. 10
Überblick über die Anordnung der mit Stroh oder Styropor unterlegten Wärmeplatten im Abstand zum beheizten Legehügel. Links ein ablegendes Weibchen, rechts sich in der Morgensonne aufwärmende Schildkröten. Auch ältere Jungtiere, die schon mit im Zuchtgehege sind, nutzen diese Steinplatten – meist nach den Adulten – für ein Sonnenbad.

Ulrich Hennen, Burscheid

Europäische Landschildkröten – Lebensräume im Vergleich

Vergleicht man die Habitate Europäischer Landschildkröten, fällt auf, dass es sehr wohl auch innerhalb von Fundstellen einer Art unterschiedliche Bedingungen gibt. Das lässt auf eine gewisse Anpassungsfähigkeit der Arten schließen, kann aber auch bedeuten, dass die unterschiedlichen Bedingungen, welche zuerst ins Auge fallen, gar nicht die entscheidenden Faktoren für die Existenzmöglichkeit der Schildkröten sind.

Während verschiedener Urlaubsreisen konnte ich immer wieder Standorte mit Schildkrötenvorkommen finden, von denen ich hier einige mit ihren Gemeinsamkeiten und Unterschieden vorstellen möchte. Es handelt sich um einen Fundort von *Testudo hermanni boettgeri* im Nordwesten Griechenlands und einen Fundort der gleichen Art im Zentrum der Peloponnes. Weiterhin beschreibe ich zwei Vorkommen von *Testudo (hermanni) hercegovinensis*, einmal von der Küste Dalmatiens südlich von Zadar, zum anderen von der Insel Pag. Zuletzt sollen drei Lebensräume von *Testudo marginata* beschrieben werden, einer im Nordosten Sardiniens, einer vom östlichen Finger der Peloponnes und einer vom Mittelfinger der Peloponnes.

Alle Vorkommen liegen in der mediterranen Klimazone am Nordrand der Subtropen. Das Klima wird von trockenheißen Sommern und feucht gemäßigten Wintern bestimmt. Der überwiegende Teil der Niederschläge

Abb. 1
Blick in den Lebensraum der Breitrandschildkröte in der südöstlichen Peloponnes

Abb. 2.
Macchie und Garigue bieten für Europäische Landschildkröten Lebensraum – hier im Bild Sardinien

fällt im Winterhalbjahr, also von Oktober bis April. Die Gesamtsummen sind jedoch sehr unterschiedlich. An den Westseiten der Landmassen sind die Mengen höher als im Osten, in den südlichen Gebieten sind die Niederschläge meist niedriger als im Norden. Im Nordosten Sardiniens fallen etwa 600 mm Regen im Jahr, an der Küste Dalmatiens und im Nordwesten Griechenlands stellenweise über 1200 mm. In Griechenland sind der Osten und Südosten sehr trocken, in Athen fallen im Jahr nur 400 mm Regen. Die Jahresdurchschnittstemperaturen liegen zwischen 15 und 18 °C, die mittleren Tagestemperaturen im Sommer bei 25 bis 28 °C und die Wintertemperaturen zwischen 5 und 10 °C. Durch den Energieaustausch zwischen dem Wasser des Mittelmeeres und dem Land werden längere Frostperioden verhindert (vgl. bspw. Müller 1996).

Die Abgrenzung des Mittelmeergebietes ist in etwa identisch mit dem Verbreitungsgebiet des Olivenbaumes (*Olea europaea*), einer bedeutenden und oft Landschaft prägenden Kulturpflanze dieser Region. Die Böden sind häufig leuchtend rot und entstanden auf dem anstehenden Kalkstein während des Tertiärs, als ein warmes Sonnenregenklima vorherrschte.

Alle Fundorte sind durch menschliche Aktivitäten beeinflusst und stark gestaltet. Zusammenhängende Wälder sind durch die Tausende Jahre alte Holznutzung fast ganz verschwunden und haben Platz für den Ackerbau und die Weidenutzung gemacht. Wo es danach zu Bodenerosion und zur Verkarstung kam und Bäume keine Lebensbedingungen mehr fanden, machten sich Strauchgesellschaften breit, die je nach Höhe und Dichte als Macchie (ital. Macchia) oder Garigue (auch Garrigue) bezeichnet werden.

Die Griechische Landschildkröte im Nordwesten Griechenlands und im Zentrum der Peloponnes

Die Fundorte von *Testudo hermanni boettgeri* gleichen sich trotz der Entfernung sehr. Beide befinden sich in etwa 500 m Höhe und sind zirka 50 km von der Küste entfernt. Es gibt Wiesen, meist in leichter Hanglage, die von lichten Waldabschnitten begrenzt werden. Diese werden hauptsächlich von höheren Eichenarten, beispielsweise der Arkadischen Eiche (*Quercus macrolepsis*), und Ahornarten gebildet. An den Rändern – zum Teil auch inselartig in den Wiesen – sind Büsche aus Mastixstrauch (*Pistacia lentiscus*), Steineiche (*Quercus ilex*) und Kermeseiche (*Quercus coccifera*) zu finden, die gute Rückzugszonen für die Schildkröten bieten. Die Vegetation ist auch im Sommerhalbjahr noch üppig, da die Wasserversorgung durch häufige Gewitterschauer gewährleistet wird. Auch die Wasserspeicherfähigkeit des tiefgründigen Bodens ist hierbei von Vorteil. Die Höhenlage verhindert extreme Temperaturen, wie sie im Küstenbereich häufig vorkommen. Die Artenvielfalt in den Wiesen, die gelegentlich von Schafen und Ziegen beweidet werden, ist beeindruckend, viele Kleearten, Korbblütler, aber auch mehrere Orchideenarten sind dort zu finden und bieten eine große Futterpflan-

Abb. 3
Testudo hermanni boettgeri von der Peloponnes

Abb. 4
Blick in den Lebensraum von *Testudo hermanni boettgeri* in Nordwestgriechenland

Abb. 5
Ein Fundort von *Testudo (hermanni) hercegovinensis* in Dalmatien liegt direkt am Meer

zenauswahl. Der Charakter dieser Fundorte ist Trockenrasenstandorten in Mitteleuropa oft sehr ähnlich.

Die weiblichen Schildkröten sind an beiden Standorten ausgewachsen etwa 18 cm groß, männliche Tiere in der Regel nur 16 cm. Sie sind meist kontrastreich gelbschwarz gefärbt.

Abb. 6
Testudo (hermanni) hercegovinensis: Solch offene Stellen zwischen Steinen dienen als Legeplatz

Die Dalmatinische Landschildkröte an der Küste Dalmatiens und auf der Insel Pag

Die Fundorte von *Testudo (hermanni) hercegovinensis* unterscheiden sich sowohl von den oben aufgeführten Lebensräumen von *Testudo hermanni boettgeri* als auch untereinander. Beide liegen in unmittelbarem Küstenbereich. Wie die Braunfärbung der Landschaft zeigt, ist die Wasserversorgung nicht so günstig wie in den höheren Lagen Griechenlands, da hier die Temperaturen zu höherer Verdunstung führen. Dennoch gibt es immer etliche grüne Pflanzen.

Das Gebiet südlich von Zadar wird ackerbaulich genutzt. Auf kleinen Feldern – meist nur 20 bis 30 m breit und weniger als 100 m lang – werden verschiedenste Feldfrüchte wie Mais, Kartoffeln oder Melonen, Futterpflanzen wie Luzerne, aber auch Wein angebaut. In den Randbereichen wachsen dichte Brombeerhecken (*Rubus fructicosus*). Wo das Gelände

Abb. 7a und b
Die Insel Pag ist karg und reich an Steinen

Abb. 8
Testudo marginata die Breitrandschildkröte auf Sardinien

ansteigt, wird die Bodenschicht dünner, oft werden blanke Felsrücken sichtbar. Dort ist kein Ackerbau mehr möglich und eine mehr oder weniger dichte Strauchschicht von einem bis zwei Metern Höhe aus Mastixstrauch (*Pistacia lentiscus*), Christusdorn (*Paliurus spina-christi*), Johannesbrotbaum (*Ceratonia siliqua*), niedrigen Eichenarten und Ginstern bedeckt diese Flächen. Auch freie Flächen mit Gräsern, Kräutern und Zistrosen (*Cistus* spec.) sind vorhanden. Sowohl an den Feldrändern um die Brombeeren als auch in der ackerbaulich nicht genutzten Fläche kann man Schildkröten beobachten. Jungtiere aber sind nur im Bereich der felsigen Zone zu finden. Sichtbare Gelegereste zeigen, dass unbewachsene Stellen zwischen Felsen zur Eiablage genutzt werden. Die Tiere wandern von da anscheinend erst ab einem gewissen Alter in die angrenzende Zone mit Ackerbau ab, wo die Ernährung einfacher ist, da die Bodenbearbeitung dort immer wieder frische Kräuter keimen lässt.

Der Fundort auf der Insel Pag zeigt ein völlig anderes Landschaftsbild. Die Gegend ist karg und reich an Steinen. Durch Legesteinmauern werden einzelne Abschnitte gebildet und bieten Schutz vor den häufigen und starken Winden. Das Gelände ist flach. Der Boden ist mit großen und kleinen grauweißen Kalksteinen übersät, Bäume sind selten. Trotz der auch im Sommer häufigen und ergiebigen Regenfälle sind nur stellenweise Büsche des Stech-Wachholders (*Juniperus oxycedrus*), Mastixsträucher (*Pistacia lentiscus*), wilde Oliven (*Olea europaea*) und Salbei (*Salvia* spec.) zu finden. Sie bieten den dort lebenden Schildkröten Deckung. Gräser und Kräuter sind wegen der dünnen Bodenschicht im Sommer vertrocknet, und die Nahrungssituation wird durch die hier weidenden Schafe auch nicht komfortabler. Dennoch ist es erstaunlich, wie viele Tiere aller Altersstufen trotzdem auf kleinem Raum zu entdecken sind. Die Schildkröten in Kroatien sind insgesamt blasser gefärbt und kleiner als *Testudo hermanni boettgeri* aus Griechenland. Zur genaueren Beschreibung und Abgrenzung vgl. Blanck & Esser (2004) und (Vinke & Vinke 2004).

Abb. 9
Der Nordosten Sardiniens bietet der Breitrandschildkröte den abwechslungsreichsten Lebensraum

Breitrandschildkröten im Nordosten Sardiniens, vom östlichen Finger der Peloponnes und vom Mittelfinger der Peloponnes

Der Fundort von *Testudo marginata* im Nordosten Sardiniens befindet sich ebenfalls in unmittelbarer Nähe der Küste. Es handelt sich um sanft ansteigende Berghänge. Das Gebiet enthält Weideflächen für Rinder, die je nach Bodenstruktur sehr unterschiedlich mit Wasser versorgt sind. Dementsprechend abwechslungsreich ist auch die Vegetation. Stellenweise ist der Boden verdichtet, dort wachsen neben Binsen auch hohe, grüne Gräser und Kräuter. Sogar einzelne Tümpel gibt es, ebenso wie einen Bachlauf, in dem übrigens auch Europäische Sumpfschildkröten (*Emys orbicularis capolongoi*) zu sehen sind. Direkt daneben sind aber auch trockene Flächen zu finden, auf denen im Hochsommer nur noch tief wurzelnde Mastixsträucher (*Pistacia lentiscus*) ihre grüne Farbe behalten. Neben aus dem Boden ragenden Felsformationen wachsen Feigenkakteen (*Opuntia ficus-indica*), die undurchdringlich sind. Auch liegen neben den Weideflächen von Sträuchern bewachsene Sanddünen. Breitrandschildkröten, meist gut 30 cm groß, kommen an allen Vegetationstypen dieses Fundortes vor. Innerhalb der grünen Stellen kann man im Hochsommer die meisten Tiere finden, denn das Nahrungsangebot ist hier am günstigsten. Sie ruhen

Abb. 10
Neben trockener Vegetation gibt es immer auch frisches Grün

Abb. 11
Der Südosten der Peloponnes ist ein wesentlich kargerer Lebensraum als Sardinien

in den dichten Binsen und auch während der Nahrungsaufnahme haben sie gute Deckung. Innerhalb der trockenen Bereiche ziehen sie sich zwischen die Kakteen oder unter die Mastixsträucher zurück. Während der Aktivitätszeiten findet man sie dann leicht, oft an den trockenen Blättern der dort wachsenden Meerzwiebeln (*Urginea maritima*) knabbernd.

Abb. 12
Auf dem Mittelfinger der Peloponnes befindet sich der Lebensraum der klein bleibenden Form der Breitrandschildkröte

Ausgegrabene Eierschalen zeigen, dass in diesem Gebiet die Sanddünen von *Testudo marginata* bevorzugt zur Eiablage genutzt werden.

Der Fundort von *Testudo marginata* auf dem östlichen Finger des Peloponnes hat einen ganz anderen Charakter. Obwohl auch unmittelbar an der Küste gelegen und sehr flach ins Landesinnere ansteigend, herrscht hier eine völlig andere Vegetation vor. Durch starke Beweidung mit Ziegen sind die Büsche hier maximal 50 cm hoch und haben kugelige Gestalt. Bäume sind eine Rarität, auch Gräser sind nur wenige vorhanden. Die Räume zwischen den Büschen sind oft unbewachsen. Die vorherrschenden Pflanzen sind einige Ginster- (*Genista* spp.) und Geißkleearten (*Cytisus* spp.), Dornige Bibernelle (*Sarcopoterium spinosum*), Dornbusch-Wolfsmilch und der wilde Olivenbaum (*Olea europaea*).

Abgesehen vom Kot der Ziegen ernähren sich die Schildkröten von diesen Pflanzen. Krautige Pflanzen und Gräser gibt es nur wenige. Die Tiere an diesem Fundort erreichen nur selten eine Länge von 25 cm.

Im westlichen Küstengebiet des Mittelfingers der Peloponnes leben kleiner bleibende Breitrandschildkröten, die meist nur 18 bis 22 cm Länge erreichen. Sie wurden 1996 von Bour als *Testudo weissingeri* beschrieben, später auch als *Testudo marginata weissingeri* bezeichnet (vgl. Bringsøe et al. 2001). Nach einer aktuellen genetischen Untersuchung wird sie jedoch nur noch als Lokalform bewertet (Fritz et al. 2005).

Bereits einige Kilometer vom Mittelmeer entfernt steigt das Gelände auf über 1000 bis 2000 m an. Der Streifen von der Küste bis zu etwa 700 m Höhe wird von den Schildkröten besiedelt. Überall wo der Boden eine Bearbeitung zulässt, befinden sich durch Steinmauern terrassenartig angelegte Olivenhaine. In den Randbereichen dieser Olivenhaine und dort, wo der Boden großflächig von Felsen und Steinen bedeckt ist, befindet sich eine artenreiche Strauchvegetation. Kermeseiche (*Quercus ilex*), Steineiche (*Quercus coccifera*), Mastixstrauch (*Pistacia lentiscus*), Steinlinde (*Phillyrea latifolia*), Erdbeerbaum (*Arbutus andrachne*), Ginsterarten (*Genista* spp.), die auffällige Baumartige Wolfsmilch (*Euphorbia dendroides*), Dornbusch Wolfsmilch (*Euphorbia acanthothamnos*), Kretische Zistrose (*Cistus creticus*), Dornige Bibernelle (*Sarcopoterium spinosum*) und Kapernstrauch (*Capparis spinosa*) sind nur einige Arten. Freie Flächen zwischen diesen Sträuchern sind mit Gräsern und verschiedensten Kräutern, meist Korbblütler, Schmetterlingsblütler und Lippenblütler, bewachsen. Auch die Meerzwiebel (*Urginea maritima*), eine bevorzugte Nahrungspflanze, ist überall zu finden.

Die Schildkröten kommen sowohl in den Olivenhainen als auch in der durch Beweidung mit Ziegen und Schafen genutzten Strauchzone vor. Die Dichte ist jedoch in den Olivenhainen und deren Randbereichen am höchsten. Viele Terrassen sind mit dichtem Gras und mit Kräutern bewachsen, welche

Abb. 13
Testudo marginata der Zwergform ruht an einer Meerzwiebel

im Juni bereits vertrocknet sind, manche wiederum werden dann umgepflügt und sind danach fast vegetationsfrei. Das ermöglicht vielen Samen von verschiedenen Kräutern im Boden zu keimen und bietet den Schildkröten eine abwechslungsreiche Nahrungspalette. Im Wurzelgeflecht der Oliven, zwischen den Steinen der Steinmauern oder den angrenzenden Büschen gibt es genügend Versteckmöglichkeiten. Die hohen Sommertemperaturen und die Trockenheit zwingen *Testudo marginata* an diesem Fundort zu einer Sommerruhe. Im Juli und August habe ich noch nie Schildkröten entdeckt, im Mai, Juni und September ist das zur richtigen Tageszeit problemlos möglich.

Resümee

Es zeigt sich, dass Schildkröten der jeweiligen Arten unter unterschiedlichen Verhältnissen und in unterschiedlichen Landschaften leben können. Von Bedeutung sind hohe Sommertemperaturen, viele Sonnenscheinstunden und milde, frostarme Winter. Bezüglich der Regenmengen ist der Spielraum innerhalb einer Art dagegen recht groß. Es ist jedoch offensichtlich, dass *Testudo hermanni* gut mit Wasser versorgte Regionen bevorzugt, *Testudo marginata* dagegen ist vorzugsweise in trockeneren Regionen verbreitet. In Gebirgslagen mit höheren Niederschlagsmengen ist sie auf sonnige Hanglagen als Lebensraum angewiesen.

Wichtig ist für alle Arten die vielseitige Strukturierung der Lebensräume. Bereiche mit Rückzugsmöglichkeiten, mit geeignetem Nahrungsangebot und Plätze zur Eiablage müssen vorhanden sein und nah beieinander liegen.

Anscheinend sind moderate landwirtschaftliche Aktivitäten für die Europäischen Landschildkröten durchaus förderlich. Extensive Beweidung, Ackerbau ohne intensiven Maschinen-, Dünger- und Pflanzenschutzmitteleinsatz und Olivenanbau schaffen mehr geeigneten Lebensraum und verbessern die Nahrungssituation. Andererseits dürften in vielen Gebieten, in denen Boden und Bewässerungsmöglichkeiten moderne Landwirtschaft zulassen, die Schildkrötenpopulationen bereits vernichtet sein. Denn ausgeräumte Landschaften sind genauso schildkrötenfeindlich, wie durch menschliche Besiedlung intensiv genutzte Flächen.

Literatur

Blanck, T. & B. Esser (2004): Zur Kenntnis von *Testudo hermanni hercegovinensis* (Werner, 1899) oder Neues Licht auf eine „alte" Art. – Sacalia, Stiefern 2 (2): 17-31.

Bour, R. (1996): Une nouvelle espèce de tortue terrestre dans le Péleponnèse (Grèce). – Dumerilia 2: 23-54.

Bringsøe, H., J. R. Buskirk & R. E. Willemsen (2001): *Testudo marginata* Schoepff, 1792 – Breitrandschildkröte. – S. 291-334 in: Fritz, U. (Hrsg.): Handbuch der Reptilien und Amphibien Europas. Band 3/IIIA Schildkröten (Testudines) I (Bataguridae, Testudinidae, Emydidae). – Wiebelsheim (Aula-Verlag).

Fritz U., P. Siroky, H. Kami & M. Wink (2005): Environmentally caused dwarfism or a valid species - Is *Testudo weissingeri* Bour, 1996 a distinct evolutionary lineage? New evidence from mitochondrial and nuclear genomic markers. – Molecular Phylogenetics and Evolution 37 (2): 389-401.

Müller, M. (1996): Handbuch ausgewählter Klimastationen der Erde. – Trier, Forschungsstelle Bodenerosion der Universität Trier Mertesdorf (Ruwertal) 5, 400 S.

Vinke, T. & S. Vinke (2004): *Testudo hercegovinensis* Werner, 1899 – die Dalmatinische Landschildkröte. – Schildkröten im Fokus, Bergheim, 1 (1): 22-34.

Autor

Ulrich Hennen
Gut Höfchen
51399 Burscheid
E-Mail: UlrichHennen@aol.com

Martin Häbich, Lichtenstein

Die Haltung der Steppenschildkröte, *Testudo horsfieldii* – mit den richtigen Parametern nicht so kompliziert, wie mancher denkt!

Seit mehreren Jahren züchte ich Landschildkröten der Arten *Testudo hermanni boettgeri* und *Testudo horsfieldii* mehr oder weniger erfolgreich nach. Zur Abgabezeit, Mai bis September, schauen sich Interessenten die Tiere an und wollen sich über die unterschiedlichen Bedürfnisse der beiden Arten informieren. Immer wieder stellt sich dann die Frage, ob eine Art besser für die Pflege durch Einsteiger geeignet ist als die andere. Um darauf eine Antwort geben zu können, ist es erforderlich, sich einen Überblick über die Lebensweise im Heimatbiotop der Tiere zu verschaffen, so dass man die Bedürfnisse der beiden Arten richtig einschätzen kann. Über die Lebensbedingungen von *Testudo hermanni boettgeri* wurde bereits eine Vielzahl lesenswerter Abhandlungen veröffentlicht (bspw. Artner et al. 2000, Cheylan 2001). Darüber hinaus sind viele Menschen durch Urlaubsreisen in die Mittelmeerländer mit dem dortigen subtropischen Klima und den Landschaftsformen recht gut vertraut. Im Vergleich dazu sind die Gebiete Mittelasiens, in denen die Steppenschildkröte lebt, den meisten fast völlig unbekannt. Ist dies aber wirklich ein Grund, dass *Testudo horsfieldii* objektiv betrachtet schwieriger zu halten ist?

Die Steppenschildkröte bewohnt die mittelasiatischen Steppen, aber auch Sand- und Lehmwüsten mit niedrigem Bewuchs (Kuzmin 2002). Im wärmsten Teil des Verbreitungsgebietes in Turkmenistan erreicht sie zwar Höhenlagen bis 2000 m (Atatev 1985), auch in Kasachstan noch 1200 m, in Kirgistan dagegen gibt es keine Nachweise oberhalb von 500-550 m. Insgesamt bevorzugt sie allerdings das tiefer gelegene Hügel- und Flachland (Atatev 1985, Kuzmin 2002). Steppenschildkröten, die sich in Deutschland in menschlicher Obhut befinden, stammen meist aus Usbekistan, Kasachstan und Tadschikistan (Theile 2002). Diese Gebiete zeichnen sich durch extreme, kontinental geprägte klimatische Bedingungen aus. Ausführliche Klimadaten kann man beispielsweise bei Müller (1996) oder im Internet bei www.weather.com nachschlagen. In knapper Zusammenfassung stellt sich diese Situation meist so dar:

- kalter Winter mit Schnee und strengen Frösten ➜ keine Nahrung
- im Frühjahr noch Nachtfröste, aber auch Höchsttemperaturen über 20 Grad, anfänglich noch Niederschläge und Schlechtwettertage ➜ üppige Vegetation

Abb. 1
Steppenschildkröten fressen gerne Wildkräuter, wie alle Europäischen Landschildkröten

- frühzeitig einsetzender, heißer, trockener Sommer ➜ Vegetation verdorrt
- kurzer Herbst, der oft abrupt in den Winter übergeht ➜ Vegetation erholt sich kaum

Die Hauptniederschläge fallen von November bis Mai, während Juni bis Oktober äußerst trockene Monate sind. Der Jahresniederschlag in diesen Regionen beträgt nur 175-400 mm. (Zum Vergleich: Jahresniederschläge in Deutschland 600-800 mm, in den Bergen weit über 1000 mm.) Dies sind Durchschnittswerte, in manchen Jahren liegen die Niederschläge nur bei 100 mm, was auch für eine Steppenschildkröte existenzbedrohlich wenig ist. Oft schlägt im Spätherbst die Witterung plötzlich um, und es wird frostig kalt. Generell ist die Luftfeuchtigkeit meist niedrig, die Luft entsprechend klar und die Intensität der Sonneneinstrahlung sehr hoch. Winde aus östlichen Richtungen herrschen vor, die den Boden weiter austrocknen. Winderosion und Staubstürme sind die Folge.

Steppenschildkröten sind an diese extremen Lebensbedingungen optimal angepasst. Sie überstehen sowohl sehr heiße, trockene Sommer als auch lange und kalte Winter. Ihr Körperbau spiegelt dies wider: Glatter, flacher Panzer, kräftige Vorderbeine mit vier spatelförmig verbreiterten Zehen. Das weist darauf hin, dass die auch als „Vierzehenschildkröte" bekannte Art einen großen Teil ihres Lebens grabend und in Erdhöhlen verbringt. Allerdings sind über das Mikroklima in den Erdhöhlen und im Umfeld der niederen Vegetation kaum Daten vorhanden.

Durch die geringe Größe und die flache Panzerform ist es den Tieren möglich, den Körper in der Morgensonne schnell auf Betriebstemperatur zu bringen. Die oft sehr kalten Frühjahrsnächte hindern die Schildkröten nicht daran, die nun angenehmen

Abb. 2
Mein Schildkrötengehege – Pflanzen und verschiedene Hindernisse bilden eine Struktur, damit sich die Tiere sicher fühlen können

Abb. 3
Optische Unterteilungen, damit sich die Tiere aus dem Weg gehen können, sind einfach zu bewerkstelligen, hier zum Beispiel mit Palisaden

Tagestemperaturen zur Nahrungsaufnahme und Paarung zu nutzen. Es ist in den Steppen die Hauptvegetationsperiode und in dieser kurzen Zeit spielt sich das gesamte aktive Leben dieser Schildkrötenart ab. Nach einer kurzen Zeit des Nahrungsüberflusses und des relativ angenehmen, gemäßigten Wetters folgt rasch, mancherorts schon ab Ende Mai, der heiße trockene und nahrungsarme Sommer. Gefressen werden nun hauptsächlich noch dürre und vertrocknete Pflanzenreste. Der relativ kleine und stark beschuppte Körper verdunstet wenig Feuchtigkeit und der zunehmend längere Aufenthalt in Erdhöhlen, die eine erhöhte Luftfeuchtigkeit bieten, reduziert den Flüssigkeitsverlust weiter. Schließlich ist die Hitze so enorm, dass ab Ende Juni die Schildkröten von der Oberfläche völlig verschwunden sind. Die unterirdisch abgehaltene Sommerruhe geht in manchen Regionen, in denen sich im Herbst die Vegetation nicht erholt, direkt in die Winterstarre über. Der Winter in den Lebensräumen der Steppenschildkröten ist sehr lang und in den nördlichen Teilen des Verbreitungsgebietes bitterkalt. So sind die Tiere gezwungen, diese Zeit in ununterbrochener Winterstarre zu überdauern. Eine 8-9 Monate andauernde Ruhezeit ist möglich, eine Leistung, die von keiner anderen Landschildkrötenart bekannt ist. Weitere Informationen zum Lebensraum und zur Lebensweise haben Fritz & Pfau (2002) und Winter (2005) zusammengetragen.

Licht und Wärme im Gewächshaus

Diese klimatischen Gegebenheiten im Kopf habe ich die Haltungsbedingungen folgendermaßen umgesetzt: Nach Beendigung der Winterstarre Ende März, Anfang April bringe ich die Tiere direkt in ihr Schlafhaus, welches sich im Gewächshaus befindet. Die ganze Anlage ist nicht übermäßig isoliert oder beheizt. Im Schlafhaus befindet sich lediglich ein Elsteinstrahler, welcher über einen Thermotimer geregelt ist. Dieser Strah-

Abb. 4
Testudo horsfieldii sind ausgesprochen aktive Schildkröten

ler dient rund um die Uhr als Frostwächter und sorgt dafür, dass die Temperaturen im Schlafhaus an kalten Tagen nicht unter 10 °C fallen. Weiterhin ist ein Spotstrahler installiert, der in den Morgenstunden (ca. 7-9 Uhr) den Sonnenaufgang simuliert und der die Innentemperatur auf etwa 25 °C erhöht.

Nachdem die Tiere erwacht sind und das Schlafhaus verlassen haben, finden sie im Gewächshaus zwei Spotstrahler, welche ebenfalls über einen Thermotimer geregelt werden. Dieser dient der Ersparnis von Stromkosten, da er tagsüber die Lampen bei einer Umgebungstemperatur von +25 °C abschaltet. Die Lampen sind so angebracht, dass sich der Boden im Lichtkegel unter ihnen auf gut 40 °C erhitzt. Man kann hier gut beobachten, wie die Tiere im Laufe der Zeit immer mehr im Lichtkegel nach außen wandern und dann bei entsprechender Umgebungs- und Körpertemperatur den beheizten Platz ganz verlassen. An sehr sonnigen Tagen werden die künstlichen Sonnenplätze gar nicht aufgesucht, da es im Gewächshaus schnell sehr warm ist und die Tiere die natürlichen Sonnenplätze bevorzugen. An regnerischen und kalten Tagen habe ich die Möglichkeit, zusätzliche Spotstrahler im Gewächshaus einzuschalten, um weitere Sonnenplätze anbieten zu können. Bereits im Frühjahr kommt es an sonnigen Tagen vor, dass die Lampen ab 10 Uhr nicht mehr in Betrieb sind, da die Temperatur im Gewächshaus schnell 25 °C übersteigt.

Zu dieser Jahreszeit sind meine Tiere fast den ganzen Tag mit der Nahrungsaufnahme beschäftigt. Alles, was ihnen vors Maul kommt, sogar Gras, wird gefressen. Ganz offensichtlich stärken sich die Weibchen für die bald bevorstehende Eiablagezeit.

Ich ernähre meine Tiere täglich mit Futter, welches am Tag zuvor auf einer nahe gelegenen, unbewirtschafteten Obstbaumwiese gepflückt wurde. Auf der Wiese wächst überwiegend Löwenzahn, Breit- und Spitzwegerich, Storchenschnabel, Klee und Gras. Außerdem füttere ich Brennnessel, Taubnessel, Wicken, Zaunwinden, Kriechenden Hahnenfuß, Boretsch und Giersch. Darüber hinaus werden immer wieder weitere Wildkräuter verfüttert, die ich von Spaziergängen mitbringe.

Nun ist es auch besonders wichtig, auf eine ausreichende Kalziumversorgung zu achten. Für die Produktion und Beschalung der Eier wird dieses dringend benötigt. In meinen Gehegen findet man daher immer mehrere Stücke Sepiaschale. Besonders die Weibchen beißen davon ganze Stücke ab und fressen diese.

Weibchen brauchen auch Ruhe

Die Männchen nehmen in dieser Zeit auch sehr viel Nahrung auf, lassen sich allerdings leicht von einem vorbeikommenden Weibchen ablenken. Diese werden fast ständig umbalzt, und es finden immer wieder Paarungsversuche statt. Da dieses Balzverhalten äußerst aggressiv und ausdauernd sein kann, ist es bei *T. horsfieldii* besonders wichtig, ausreichend Sichtbarrieren im Gehege einzubauen, damit sich die Tiere nicht ständig sehen und die Weibchen ausreichende

Ruhephasen haben. Außerdem ist es unabdingbar, in der Gruppe ein Geschlechterverhältnis zu Gunsten der Weibchen herzustellen. Bei meiner Gruppe verminderte sich der Stress erst, als ich zu meinem Männchen das vierte Weibchen dazu gesellte. Ist diese Voraussetzung nicht gegeben, sollte das Männchen nur zeitweilig zu den Weibchen gesetzt werden und die übrige Zeit in einem separaten Gehege gehalten werden.

Ende April werden die Weibchen unruhig. Sie wandern im Gehege umher und führen Probegrabungen durch. Die Eiablagezeit beginnt. In dieser Zeit ist es immer noch von grundlegender Bedeutung, für eine ausgewogene und abwechslungsreiche Nahrung zu sorgen. Weiterhin sollte immer frisches Trinkwasser zur Verfügung stehen. Manche meiner Weibchen trinken oft und lange. Zu dieser Zeit trenne ich das Männchen von den Weibchen ab, um ihnen die notwendige Ruhe zu gönnen. Der Paarungstrieb ist bei meinem Männchen auch dann noch immer ungebrochen stark. Erst im Hochsommer lässt dieser Trieb etwas nach, so dass ich ihn dann wieder zu den Weibchen gesellen kann, er versiegt allerdings nicht völlig.

Die Weibchen der Steppenschildkröte sind bei der Wahl des Eiablageplatzes sehr wählerisch. Es kann sein, dass manche Weibchen bis zu zwei Wochen Probegrabungen machen, bis sie sich für einen Platz zur Anlage der Eigrube entschieden haben. Ein Legehügel nach bekanntem Muster, wie er anderen Europäischen Landschildkröten dient, wurde nicht angenommen.

Die meisten meiner Weibchen produzieren bis zu drei Gelege pro Jahr, einmal hatte ein Weibchen vier. Die Gelegegröße liegt bei 1-7 Eiern, durchschnittlich sind es vier Eier. Eine ähnlich hohe Fortpflanzungsrate beschreiben Henen et al. (2002) für ein natürliches Vorkommen in Usbekistan (Kyzil-Kum-

Abb. 5
Ein Gewächshaus oder Frühbeet ist für die Haltung von Steppenschildkröten notwendig

Wüste), allerdings halten sie es für möglich, dass dies eine Ausnahme aufgrund außergewöhnlich guter Nahrungsbedingungen im Forschungsgebiet während Aufnahme der Daten war. Auch im Vergleich mit den bei Vinke & Vinke (2004) aufgeführten 12 Quellen bezüglich der Vermehrung von *Testudo horsfieldii* unter menschlicher Obhut, liegt das im Durchschnitt.

Die Eier brüte ich in einer herkömmlichen so genannten Kunstglucke, die es von einzelnen Herstellern mittlerweile auch speziell für die Bebrütung von Reptilieneiern gibt. Die Temperatur im Brüter habe ich mittels eines geeichten Thermometers auf 32,5 °C eingestellt. Eine Nachtabsenkung führe ich nicht durch. Die Luftfeuchtigkeit liegt bei ca. 80-90 % (genau kann ich diesen Wert nicht bestimmen, da ich kein geeichtes Hygrometer besitze). Die Eier platziere ich in Plastikdosen. Diese sind zu einem Viertel mit erdfeuchtem Sand gefüllt. In den Sand drücke ich kleine Kuhlen, in die ich die Eier lege, so dass sie nicht versehentlich wegrollen oder verdreht werden können. Der Sand trocknet im Laufe der Brutzeit zwar aus, ich feuchte ihn allerdings nicht mehr nach. Zur Erhaltung der Luftfeuchtigkeit stelle ich flache Wassergefäße in den Brüter. Unter diesen Bedingungen schlüpfen die meisten *Testudo horsfieldii* nach 56-70 Tagen Brutzeit.

Abb. 6
An kühlen Tagen wird auch im Gewächshaus geheizt – Sonnenplätze für *Testudo horsfieldii*

In den vier vorhergehenden Jahren, in denen ich nun Steppenschildkröten-Nachzuchten habe, hatte ich noch nie einen Schlüpfling mit Panzeranomalien. Dieses Jahr habe ich dann die Bruttemperatur um ein Grad erhöht. Vermutlich war das der Grund, dass nun erstmalig Jungtiere mit Schildanomalien schlüpften. Hier allerdings auch nur bei Jungtieren von einem Muttertier. Die Jungtiere aller anderen Mütter weisen keine Besonderheiten auf. Auch hat sich die Brutzeit nicht verkürzt.

Bezüglich der Haltung unter menschlicher Obhut hört man immer wieder von Steppenschildkröten, die eine Sommerruhe einlegen. Bei meinen Tieren habe ich dieses Verhalten noch nicht festgestellt. Es kommt lediglich vor, dass sich die eine oder andere Schildkröte nur noch wenig im Freiland aufhält. Die meisten meiner Tiere sind während heißer Tage nur in den frühen Morgen- und späten Abendstunden bei der Nahrungsaufnahme anzutreffen.

Je mehr es auf den Spätsommer zugeht, umso weniger fressen die Schildkröten. Im Herbst, wenn die Nächte kühler werden, wird es langsam ruhig im Steppenschildkröten-Gehege.

Meine *T. horsfieldii* bereiten sich selbstständig auf die Winterstarre vor. Sie kommen zwar noch regelmäßig zum Sonnen heraus, gefressen wird aber nicht mehr viel. Selbst die Paarungsversuche meines Männchens werden weniger, versiegen allerdings nie ganz.

Vorbereitung auf die Winterstarre

Eine Selbstverständlichkeit ist, dass vor dem Beginn der Winterstarre sichergestellt ist, dass die Schildkröten sich in gutem gesundheitlichem Zustand befinden. Sie sollen nicht zu fett sein – ein oft geschildertes Problem (bspw. FRITZ & PFAU 2002), das aber unter meinen Haltungsbedingungen nicht auftritt. Bei Weibchen ist es wichtig, dass alle Eier abgesetzt wurden. Natürlich beobachte ich die Tiere nicht erst vor Beginn der Hibernation, sondern das ganze Jahr über. Regelmäßige Gewichtskontrollen sind eine gute Hilfe bei der Beurteilung des gesundheitlichen Zustands. Um sicherzustellen, dass die Tiere keine Parasitenbelastung haben, gebe ich kurz vor dem Winter ein zweites Mal Kotproben zur Untersuchung. Auch hier handelt es sich nur um eine Nachkontrolle. Die wichtige Kotuntersuchung findet bereits im Frühsommer in der Hauptaktivitätszeit statt, da hier Parasiten viel besser behandelt werden können. Außerdem überprüfe, reinige und warte ich die für die Winterstarre erforderlichen Gerätschaften sowie deren Zubehör. Notwendiges wird neu beschafft.

Wenn die durchgeführte Kotuntersuchung ohne Befund war und kein Behandlungsbedarf besteht, lasse ich die Tiere sich auf die Winterstarre vorbereiten. Ich passe die Brenndauer der Wärmelampen der verkürzten Tageslänge an. Außerdem bade ich meine Tiere wöchentlich, dass sie, wenn nötig, Flüssigkeit zu sich nehmen können. Hierbei wird reichlich Kot abgesetzt. Die Nahrungsaufnahme lässt sich im Freigehege nicht verhindern, dies ist aber offenbar auch nicht notwendig, da meine Tiere selbstständig das Fressen einstellen.

Winterstarre

Das Schlafhaus fülle ich nun halb voll mit Buchenlaub. Meine Tiere vergraben sich etwa 10 cm tief unter dem Laub im Boden. Bisher habe ich noch keine Tiere in größerer Tiefe gefunden. Der Frostwächter bleibt in dieser

Abb. 7
Steine speichern im Freiland Wärme und werden von den Schildkröten gerne aufgesucht

Zeit eingeschaltet. Er ist auf 10 °C eingestellt. Nachdem sich alle Schildkröten eingegraben haben und keines mehr aus dem Schlafhaus kommt, bette ich sie in Kunststoffkisten um und stelle sie in den vorbereiteten Kühlschrank. Die Kisten enthalten eine erdfeuchte Schicht aus Gartenerde gemischt mit Kokosfasern. Das Gemisch ist nur leicht feucht, dass es nicht tropft oder klebt. Nachdem ich die schlafenden Tiere in die Kisten gesetzt habe, decke ich sie mit Buchenlaub ab und stelle die Kisten in den Kühlschrank. Die Temperatur im Kühlschrank wird durch einen Kühlschrankwächter überwacht. Er ist auf 5 °C eingestellt, wobei die oberen Fächer etwas wärmer sind als die unteren. Das ist vorteilhaft, da ich im Laufe der Zeit festgestellt habe, dass es Tiere gibt, die eine kühlere Temperatur brauchen, um ruhig schlafen zu können. Dem trage ich Rechnung, indem ich die entsprechenden Tiere weiter unten im Kühlschrank platziere.

Abb. 8
Männchen von *Testudo horsfieldii* sind meist zu aktiv für eine dauerhafte Gemeinschaftshaltung mit den Weibchen

In den ersten Tagen hört man die Steppenschildkröten im Kühlschrank noch rascheln. Nach 2-3 Tagen verstummt es.

Während der Winterstarre öffne ich die Kühlschränke einmal wöchentlich zum Luftaustausch. Dabei überprüfe ich, ob nicht ein Tier aufgewacht ist und womöglich obenauf sitzt. Bei meinen adulten Tieren ist das noch nicht vorgekommen, bei den Nachzuchten passiert es aber immer wieder. In dem Fall stecke ich es einfach unter das Laub zurück. Wenn es dann wieder herauf kommt, beende ich die Winterstarre für das betreffende Tier.

Ende März, Anfang April beende ich die Winterstarre meiner Tiere. Den Zeitpunkt wähle ich je nach Wetterlage. Ich setze sie abends in ihr Schlafhaus zurück und decke sie mit Laub ab. Meistens verlassen bereits am nächsten Morgen die ersten Tiere ihr Schlafquartier und begeben sich ins Gewächshaus. Hier sind dann schon die Wärmelampen in Betrieb, unter denen sie sich sonnen.

Aufzucht

Meine Nachzuchten werden unter den gleichen Grundbedingungen gehalten. Allerdings habe ich für sie ein eigenes Frühbeet eingerichtet. Dort befindet sich eine zirka 10 cm dicke Erdschicht. Darunter habe ich als Dränage Schotter eingebracht. Im Frühbeet sind Büschel aus Gras und sonstige Pflanzen eingepflanzt, unter denen sich die Tiere gerne verstecken. Außerdem habe ich noch zwei halbe Tonschalen als Unterschlupf hineingestellt. Diese werden gut angenommen und auch zum Schlafen benutzt.

Da sich das Frühbeet bei Sonneneinstrahlung sehr schnell erwärmt, habe ich bislang auf eine zusätzliche Heizquelle verzichtet. Dieses Jahr plane ich den Neubau des Frühbeetes, das dann mit einem Spotstrahler für längere Schlechtwetterperioden ausgestattet sein wird. In den letzten Jahren habe ich jedoch die Erfahrung gemacht, dass nur selten ein Zuheizen notwendig war.

Meine Nachzuchten sind glatt gewachsen. Krankheiten wie Schnupfen und Ähnliches sind nicht aufgetreten. Ich denke, dass solche Krankheiten nicht auf kühle Haltung zurückzuführen sind, sondern eher auf Zugluft und nasse Böden. Dies ist natürlich unbedingt zu vermeiden.

An warmen Tagen übergieße ich meine Gehege regelmäßig ausgiebig mit Wasser. Die Tiere trinken dann auch reichlich. Allerdings sind die Gehege so angelegt, dass sich keine Staunässe bildet. Der Boden trocknet oberflächlich in kürzester Zeit ab.

Die Schlüpflinge von *Testudo hermanni boettgeri* und *Testudo horsfieldii* halte ich in einer gemeinsamen Anlage. Ich habe in den letzten Jahren nicht feststellen können, dass sich eine der Arten unter den genannten Bedingungen schlecht entwickelt hätte oder sonst in irgendeiner Weise auffällig war. Lediglich bezüglich der Haltung adulter Schildkröten habe ich im Bereich der Zucht und Paarung entscheidende Unterschiede festgestellt, denen zum Wohle der Tiere und für eine erfolgreiche Nachzucht unbedingt Rechnung zu tragen ist.

Unabdingbare Voraussetzungen

- Die Steppenschildkröten sollten im Garten gehalten werden. Hier ist ein ausbruchsicheres Gehege mit Schutzhaus in Form eines Frühbeetes oder Gewächshauses erforderlich. Im Frühbeet bzw. Gewächshaus ist auf ausreichende Sichtbarrieren zu achten, da die Tiere untereinander wesentlich aggressiver sind als z. B. Griechische Landschildkröten. Eine dauerhafte oder temporäre Haltung im Terrarium ist nicht erforderlich und aus meiner Sicht sogar abzulehnen. Es sei denn in Ausnahmefällen, beispielsweise bei Krankheit eines Tieres.
- Der Bodengrund des Geheges und des Frühbeets sollte aus Gartenerde bestehen, unter der sich eine Dränageschicht befindet, so dass der Boden oberflächlich schnell abtrocknet und keine Staunässe entstehen kann.
- Es müssen genügend Versteckplätze vorhanden sein, in denen die Tiere die Nacht verbringen können. So wird ein unkontrolliertes Graben unterbunden.
- Durch eine ausreichende Bepflanzung des Geheges und des Frühbeetes sollten Schatten- und Sonnenplätze zur Verfügung gestellt werden.
- Auf ein ausgewogenes Geschlechterverhältnis ist unbedingt zu achten. Männliche Steppenschildkröten sind deutlich aggressiver in ihrem Paarungsverhalten als die meisten Griechischen Landschildkröten. Eine Möglichkeit zur zeitweiligen Trennung sollte gegeben sein.
- Für geschlechtsreife Tiere müssen geeignete Eiablageplätze vorhanden sein. Ein herkömmlicher Legehügel wird in der Regel nicht angenommen.
- Für adulte Tiere muss eine zusätzliche Beheizung des Frühbeetes möglich sein. Besonders zur Eiablagezeit kann es sonst zu Legenot und ähnlichen Komplikationen kommen, wenn ausgerechnet auf diesen Zeitraum eine Schlechtwetterperiode fällt.

Abb. 9
Auch diese Schildkröten lassen sich gut unter menschlicher Obhut vermehren

Fazit

Zusammenfassend kann ich aus meiner Erfahrung heraus sagen, dass *Testudo horsfieldii* eine sehr interessante und von ihrem Verhalten und ihrer Aktivität sehr ansprechende Schildkrötenart ist. Sie ist nicht schwieriger zu halten als andere Europäische Landschildkröten, wenn man die oben genannten Voraussetzungen erfüllt. Ich habe keine Scheu, Nachzuchten von *T. horsfieldii* an Interessenten abzugeben, die sich mit der Materie auseinander gesetzt haben, und bereit sind, die genannten Rahmenbedingungen zu schaffen. Unter diesen Voraussetzungen ist es auch nicht erforderlich, dass der neue Halter bereits Erfahrungen mit anderen Schildkrötenarten gesammelt hat.

Abb. 10
Schlüpflinge sind wie die adulten Tiere nicht wählerisch beim Futter

Literatur

ARTNER, H., A. BUDISCHEK & I. FROSCHAUER (2000): Freilandbeobachtungen, Haltung und Nachzucht der Griechischen Landschildkröte *Testudo hermanni boettgeri* MOJSISOVICS, 1889. – Emys, Reidling 7 (2): 9-27.

ATAEV, C. A. (1985): Presmykayushchiesya GOR Turkmenistana. – zitiert nach der Übersetzung von B. FARKAS & J. R. BUSKIRK (1997): Reptiles of the autonomous republic of Turkmenistan. – Chelonian Conservation & Biology, Lunenburg, MA. 2 (4): 627-634.

CHEYLAN, M. (2001): *Testudo hermanni* GMELIN, 1789 – Griechische Landschildkröte. – S. 179-289 in: FRITZ, U. (Hrsg.): Handbuch der Reptilien und Amphibien Europas. Band 3/IIIA Schildkröten (Testudines) I (Bataguridae, Testudinidae, Emydidae). – Wiebelsheim (Aula-Verlag).

FRITZ, C. & B. PFAU (2002): Pflege und Vermehrung der Steppen- oder Vierzehenschildkröte *Testudo horsfieldii*. – Radiata, Haan 11 (4): 21-41.

HENEN, B. T., K. A. NAGY, X. BONNET & F. LAGARDE. (2002): Clutch size and fecundity of wild Horsfield's tortoises (*Testudo horsfieldi*): Time and body size effects. – S. 135-143 in: FERTARD, B. & B. CULORIER (Hrsg.): Actes du Congrès International sur le genre *Testudo* – 7 au 10 mars 2001. – Chelonii 3, Gonfaron, (Editions SOPTOM).

KUZMIN, S. L. (2002): The Turtles of Russia and Other Ex-Soviet Republics. – Frankfurt/M (Edition Chimaira), 159 S.

MÜLLER, M. (1996): Handbuch ausgewählter Klimastationen der Erde. – Trier, Forschungsstelle Bodenerosion der Universität Trier Mertesdorf (Ruwertal) 5, 400 S.

THEILE, S. (2002): Ranching und Aufzucht von *Testudo horsfieldii* in Usbekistan. – Radiata, Haan 11 (4): 3-20.

VINKE, T. & S. VINKE (2004): Vermehrung von Landschildkröten. – Offenbach (Herpeton Verlag Elke Köhler) 189 S.

WINTER, A. (2005): Die Steppenschildkröte: Lebensweise in Freiheit – Folgerungen für eine artgerechte Gefangenschaftshaltung. – Internet: www.reptilia2000.de/index.php?lebensweise, Stand Mai 2005.

Autor

Martin Häbich
Interessengemeinschaft *Testudo horsfieldii*
Postfach 1119
72801 Lichtenstein
Telefon: 07129/407012
Homepage: www.reptilia2000.de
E-Mail: martin@reptilia2000.de

THOMAS & SABINE VINKE, Filadelfia, Paraguay

Nach der Winterstarre ist vor der Winterstarre!

Wenn man Schildkröten aus den Subtropen pflegt, stellt sich schnell die Frage nach der Durchführung der Winterstarre. Die schlechteste aller Möglichkeiten ist, sie gesunden Tieren vorzuenthalten. Mit diesem Beitrag möchten wir die Angst vor der Winterstarre nehmen und auf deren Notwendigkeit für Wohlbefinden und Gesundheit unserer Pfleglinge hinweisen.

Nutzen der Winterstarre

Der offensichtlichste Vorteil der Winterstarre liegt darin, den Schildkröten die Möglichkeit zur Überdauerung der ungünstigen Jahreszeit in ihrem natürlichen Lebensraum zu geben. In den Wintermonaten ist es selbst in Südeuropa für Schildkröten zu kalt, und das Futterangebot ist knapp. Mithilfe der Winterstarre können die Tiere diese karge und unwirtliche Zeit ohne großen Gewichtsverlust überstehen. Das allein wäre aber noch kein ausreichender Grund, auch unter menschlicher Obhut eine Winterstarre durchzuführen. Schließlich kann man heizen, und Futter kann man kaufen. Wenn man so handelt, lässt man aber außer Acht, dass sich hibernierende Schildkröten in einem langen, evolutionären Prozess daran angepasst haben.

Die Notwendigkeit der Winterstarre wird deutlich, wenn man sich die körperlichen Vorgänge vor Augen hält. Der Schildkrötenkörper muss sich rechtzeitig auf die Winterstarre vorbereiten, das kann bei einem wechselwarmen Tier aber nicht erst beginnen,

Abb. 1
Die Winterstarre hat eine elementare Bedeutung für die Gesunderhaltung Europäischer Landschildkröten

wenn es schon kalt geworden ist und deshalb wird das Vorbereitungsverhalten wie Einstellung der Nahrungsaufnahme bereits frühzeitig eingeleitet. Das wird hormonell gesteuert und im Wesentlichen durch Verkürzung der Hellphasen und Abkühlung der Nächte eingeleitet (s. dazu BIDMON 2001 und BIDMON S. 117-136). Wenn man den Tieren die Winterstarre entzieht, bringt man also nicht nur ihren instinktiven Jahresrhythmus durcheinander, man stört auch den gesamten Hormonhaushalt. Das wiederum kann das Immunsystem schwächen und so letztendlich zu Krankheiten oder verstärktem Parasitenbefall führen.

Vorbereitung im Jahresverlauf

Wie der Titel unseres Beitrags schon andeutet, beginnt die Vorbereitung auf die Winterstarre bereits im Frühjahr. Während dieser Zeit erleben unsere Pfleglinge den größten Wachstumsschub, und bei adulten Tieren erfolgt in der Regel die Gewichtszunahme auf den innerjährlichen Höchststand. Was im Frühjahr versäumt wird, ist in den Sommermonaten kaum wieder aufzuholen, und so besteht bereits zu diesem frühen Zeitpunkt die Gefahr, die Weichen für ein im Herbst unzureichendes Überwinterungsgewicht zu stellen. Deshalb sollte man seine Tiere im Frühjahr besonders genau beobachten und auch regelmäßig wiegen, um den Grundstein für eine erfolgreiche Überwinterung zu legen.

Doch auch der Sommer hat so seine Tücken, besonders wenn er sehr regnerisch und kalt ausfällt. Während einer längeren Schlechtwetterperiode kann der ganze schöne Frühjahrsschub wieder verloren gehen. Wie schon im Frühling gilt, was in dieser Zeit an Gewicht verloren geht, ist nicht mehr aufzuholen und schwächt unsere Pfleglinge für die bevorstehende Winterstarre. Deshalb muss man dem gegenlenken, indem man sein Gewächshaus oder Frühbeet beheizt und den

Abb. 2
Gut isoliertes, beheiztes Frühbeet für die Übergangszeit

Tieren einen künstlichen Sommer schafft, wie es bspw. SABINE WILLIG hier im Sonderband auf Seite 13-26 beschreibt. Wenn man bemerkt, dass die Tiere im Sommer Gewicht verlieren, muss man seine Haltung überdenken. Mit bedeutenden Gewichtzunahmen ist ab dem Hochsommer aber auch nicht mehr zu rechnen. Selbst Jungtiere wachsen nur noch langsam.

Die hochsommerliche Aktivitätsphase ist in Vorbereitung auf die Winterruhe die beste Zeit für eine parasitologische Untersuchung der Schildkröten. Es führt leicht zu Problemen, wenn man damit bis in den Spätsommer oder gar bis kurz vor der Überwinterung wartet, da eine eventuell notwendige Behandlung dann schon zu weit in den Herbst hineingehen kann. Das gilt insbesondere, wenn sich die Behandlung etwas langwieriger gestaltet als geplant, beispielsweise durch eine notwendige Wiederholung der Medikamentengabe nach der Kontrolluntersuchung. Wenn eine Wurmkur bis zum Herbst rausgezögert wird, muss man träge Schildkröten mühselig aktivieren, damit man sie erfolgreich zuende führen kann und vor allem auch noch sicherstellt, dass keine abgestorbenen, aber nicht ausgeschiedenen Würmer während der Winterstarre zu einer Sepsis führen können. Darüber hinaus haben die Schildkröten im Spätsommer bessere Möglichkeiten sich von der Behandlung zu erholen, da eine Wurmkur die Tieren auch belasten kann (vgl. NEIFFER et al. 2005 bzw. Kommentar von BIDMON 2006b). Für Steppenschildkröten, *Testudo horsfieldii*, empfiehlt sich eine noch frühere Parasitenuntersuchung, da sich ihr Jahresablauf durch eine eventuelle Aestivation (Sommerruhe) noch verschieben kann (vgl. HÄBICH S. 59-68). Auch wenn es selbstverständlich sein sollte, möchten wir an dieser Stelle explizit darauf hinweisen, dass eine so genannte Wurmkur nur nach vorheriger Untersuchung der Schildkröten unter medizinischer Aufsicht durchgeführt werden sollte.

Im ausgehenden Sommer haben adulte

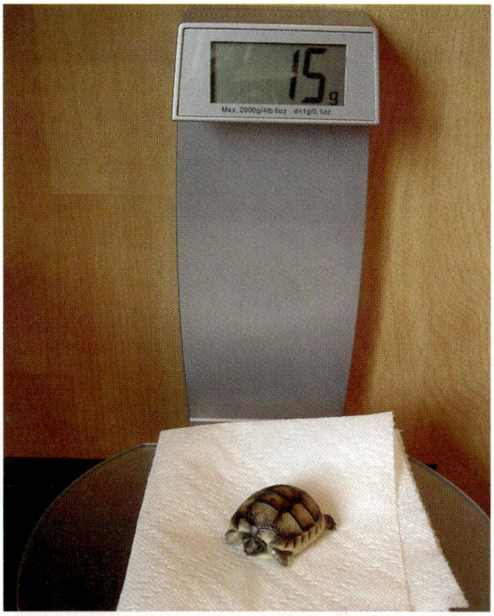

Abb. 3
Regelmäßige Gewichtskontrollen sind unabdingbar, um frühzeitig Probleme zu erkennen
Foto: STEFAN GABRIEL

Europäische Landschildkröten eine zweite Paarungszeit. Während dieser Phase sind geringe Gewichtsverluste möglich, vor allem bei den Männchen. Wenn das Interesse der Männchen erlahmt, beginnt auch schon der Herbst.

Konkrete Vorbereitungen im Herbst

Ende September oder Anfang Oktober beginnt die eigentliche Vorbereitung auf die Winterstarre. Ein fast nicht auszurottendes Gerücht ist, dass der Darm der Schildkröten mithilfe von warmen Bädern völlig entleert sein muss. Das ist faktisch gar nicht möglich und auch gar nicht erstrebenswert. Desto häufiger man die Schildkröten dazu zwingt, Kot abzusetzen, umso schwieriger ist der Start für die Tiere im Frühjahr. Die Schildkröten brauchen eine Restmenge an Kot in ihrem Verdauungstrakt, um im Frühjahr bei der ersten Nahrungsaufnahme die Darmflora schnell wieder in Schwung zu bekommen. Nicht selten haben unsere adulten *Testudo marginata* oder *Testudo hercegovinensis* schon

Abb. 4
Wenn sich *Testudo horsfieldii* in der Gewächshaus-Freianlage auf die Winterstarre vorbereiten sollen, muss man sehr Obacht geben, dass sich die Tiere nicht plötzlich in der ungeschützten Freianlage unauffindbar vergraben. Dazu kann schon eine einzige kühle Nacht im September reichen.

in der Aufwachphase Kot abgesetzt. Alle unsere Tiere waren im Frühjahr sehr schnell und unkompliziert wieder am Futter. Dagegen kümmern häufig gerade diejenigen Schildkröten im Frühjahr, welche im Herbst eine regelrechte Rosskur mit Zwangsbädern hinter sich bringen mussten (vgl. dazu Bidmon S. 117-136). Viel sinnvoller ist es, den Tieren ständig wohltemperiertes Trinkwasser anzubieten. Eine angenehme Wassertemperatur erreicht man, indem man eine schwarze Trink- oder Badeschale an einen sonnigen Platz im Gewächshaus oder Frühbeet aufstellt und diese im Herbst und im Frühjahr noch zusätzlich mit einem Strahler erwärmt.

Wenn sich die Pfleglinge im Frühbeet oder Gewächshaus selbst auf die Winterstarre vorbereiten, kann man sie getrost ohne weitere Maßnahmen einwintern. Allerdings sollten die Schildkröten, bevor sie endgültig in die Winterstarre geschickt werden, noch einmal gründlich kontrolliert werden. Besonderes Augenmerk sollte man auf Augen und Nase der Schildkröten legen. Nicht selten passiert es, dass sich die Tiere in schlecht geheizten oder schlecht isolierten Gewächshäusern bzw. Frühbeeten während der letzten Tage vor der Winterstarre erkälten. Falls die Schildkröten eine laufende Nase oder verklebte Augen aufweisen, sollte man sie auf keinen Fall leichtfertig in die Winterstarre schicken, ohne einen schildkrötenerfahrenen Tierarzt zu befragen. Auch eine Gewichtskontrolle ist jetzt ratsam, um einen Vergleichswert zu haben, falls es zu Schwierigkeiten während der Winterstarre kommt. Besonders gut hat es sich bewährt, wenn sich die Schildkröten im gewohnten Gewächshaus oder Frühbeet eingraben können und so selbsttätig in die Winterstarre gehen. Hat man nicht die Möglichkeit sie dort frostfrei und sicher zu überwintern, kann man sie dann wieder ausgraben und in ihr endgültiges Überwinterungsquartier überführen.

Man darf sich nicht verrückt machen, wenn die Vorbereitungsphase ein wenig dauert. Es ist auch in der Natur so, dass die Schildkröten am Ende des Sommers bzw. Anfang des Herbstes eine Phase mit stark verringerter Aktivität durchleben (s. die Arbeiten zu den verschiedenen Europäischen Landschildkröten in FRITZ 2001). Relativ wenig ist über die konkrete Dauer der eigentlichen Vorbereitungszeit bekannt. IVANCHEV (2006) beobachtete ein Jahr lang 57 markierte *Testudo hermanni boettgeri* in ihrem natürlichen – und von menschlichem Einfluss ungestörten – Biotop in Bulgarien. Darüber hinaus hielt er 10 weitere Exemplare in einem naturnahen abgeschlossenen 2000 Quadratmeter großen Gehege im gleichen Gebiet, zuzüglich des künstlich inkubierten Nachwuchses von 12 Tieren. In dieser überaus interessanten Feldstudie wurde die Vorbereitungszeit auf die Hibernation beschrieben. Der deutliche Aktivitätsrückgang begann in der zweiten Hälfte des Septembers. Im Oktober fanden kaum noch Bewegungen statt. Das letzte aktive Tier wurde im Freiland am 22. Oktober gefunden. Im überschaubareren, aber dennoch naturnahen Gehege wurden im Oktober Schildkröten beim seltenen und kurzen Sonnenbad in ein bis zwei Meter Abstand vom Unterschlupf beobachtet. Eine Nahrungsaufnahme erfolgte nur noch extrem selten. Der erste Kälteeinbruch fand am 27. Oktober mit leichtem Schneefall statt. Erst zwei Tage später vergrub sich das erste Tier, der Rest folgte im November, wobei sich die letzte Landschildkröte erst am 26. November in die Winterstarre begab.

Auch wenn es sich hier um eine Studie eines einzelnen Jahres in einem begrenzten Gebiet handelt, kann man dennoch zwei interessante Schlüsse ziehen: Erstens gibt es offensichtlich individuelle Unterschiede bei der Vorbereitung auf die Winterstarre. Denn anders kann man es nicht erklären, dass es im gleichen Gehege zu einer Abweichung von einem Monat kommt. Zweitens kann sich die Vorbereitungsphase, also die Zeit, in der nichts oder fast nichts mehr gefressen wird und die Tiere überwiegend inaktiv sind, über einige Wochen hinziehen.

Vorbereitung vom Terrarium aus

Im Idealfall werden Europäische Landschildkröten gleich von der Außenhaltung aus überwintert. In artgerecht eingerichteten Frühbeeten oder Gewächshäusern mit entsprechender Beleuchtung und Heizung ist das kein Problem, auch nicht für Jungtiere. Dennoch kommt es immer wieder einmal vor, dass ein Tier nicht gesund ist oder bei der Vorbereitung auf die Winterstarre Probleme macht und keine Ruhe findet und so der Aufenthalt in einem Übergangsterrarium notwendig wird.

In dem Fall gestaltet sich die Vorbereitung auf die Winterstarre meist wesentlich aufwändiger. Immer wieder kommt es vor, dass die Tiere aus dem kühleren Freilandaufenthalt in die Wohnung kommen und nach einer kurzen Umstellungsphase dann so richtig aufdrehen, als wenn Frühling wäre. Sofern

Abb. 5
Bei *Testudo hermanni hermanni* ist es möglich, dass diese besonders empfindlich auf die Vorbereitung zur Winterstarre reagieren

das nicht notwendig ist, um die Aktivitätsphase beispielsweise wegen Krankheit der Schildkröte künstlich zu verlängern, sollte das unbedingt verhindert werden. Deshalb empfiehlt es sich, das Terrarium an einem kühlen, aber hellen Ort in der Wohnung aufzustellen. Besonders eignen sich Hausflure oder nicht genutzte Räume, in denen man über Nacht auch einmal das Fenster aufstehen lassen kann. Zugluft ist dabei selbstredend zu vermeiden. Die natürliche Tageslichtlänge und die starke Nachtabsenkung durch das offene Fenster stimmen die Schildkröten auf den Herbst ein. Die künstliche Beleuchtungs- bzw. Heizdauer sollte nur acht Stunden betragen. Darüber hinaus sollte das Terrarium so konstruiert sein, dass die Tiere möglichst viel von ihren Umgebungstemperaturen mitbekommen. Hohe oder gar geschlossene Glasterrarien sind für die Haltung Europäischer Landschildkröten ohnehin ungeeignet, das gilt auch für die Übergangszeit. Am ehesten empfehlen sich flache, großräumige Holzgehege. Diese sollten gerade so hoch sein, dass die Schildkröten nicht ausbrechen können. So gewährleistet man, dass die Tiere in einem gut durchlüfteten Gehege sitzen und die Temperaturschwankungen auch erleben. Der Bodengrund sollte leicht feucht sein und ein Eingraben ermöglichen. Sehr gute Erfahrungen haben wir mit Gartenerde gemacht.

Die Vorbereitungszeit im Terrarium dauert etwa zwei Wochen. Zunächst reduziert man die Beleuchtungsdauer innerhalb einer Woche von acht auf vier Stunden. Die Schildkröten sollten nun ihre Aktivität stark heruntersetzen. Ist das nicht der Fall, dann ist die Umgebungstemperatur noch zu hoch und der Raum muss weiter runtergekühlt werden.

Da der Überwinterungszeitpunkt nun vom Halter bestimmt wird und nicht von den Schildkröten wie bei einer Vorbereitung im Freiland, muss man sich bewusst sein, dass

Abb. 6
Schwarze Wasserschalen im Frühbeet oder Gewächshaus erwärmen sich auch in der Übergangszeit auf eine für Schildkröten angenehme Badetemperatur

nicht immer Verlass auf die Instinkte der Pfleglinge ist. Deshalb darf man die Schildkröte in der letzten Vorbereitungswoche nicht mehr füttern. Das ist immer eine Gratwanderung. Europäische Landschildkröten kommen gut mit weit gehend verdauter rohfaserreichen Nahrung in ihrem Verdauungstrakt klar und brauchen diese sogar. Aber der Nahrungsbrei muss sich in einem fortgeschrittenen Verdauungszustand befinden. Ist zu viel frische Nahrung im Verdauungssystem der Schildkröten, kann es während der Überwinterung zu schweren Komplikationen durch Fäulnis im Körper der Schildkröten kommen, was den Tod des Tieres bedeuten kann. Darüber hinaus ist die Qualität des vor der Winterstarre angeboten Futters von entscheidender Bedeutung. Salate oder andere leicht zu verwertende Nahrungsmittel nützen den Schildkröten wenig. Um diese Zeit ist es noch wichtiger als sonst, die Tiere mit rohfaserreicher Nahrung zu versorgen, sodass im Darm ein gut konservierter und strukturreicher Kotrest zurückbleibt, um die Darmflora im Frühjahr als Starterkultur zu unterstützen.

Als besonders geeignetes Futtermittel für diese Phase bieten sich Heucobs an, die den Schildkröten unbedingt gut aufgeweicht angeboten werden sollen. Wenn die Tiere diese nicht fressen, muss man eben auf gut ausgewachsene rohfaserreiche Wildkräuter zurückgreifen wie beispielsweise die verschiedenen Wegericharten. Auch eine gute Portion unter die Wildkräuter gemischtes Gras ist den Tieren in dieser Zeit sehr zuträglich.

Auch bei dieser Vorbereitungsmethode stellt sich die Frage, ob ein Bad der Schildkröten zur Vorbereitung auf die Winterstarre wirklich sinnvoll ist. Wir haben es so gehalten, dass die Tiere selbstverständlich immer frisches Wasser zum Trinken und Baden zur Verfügung hatten. Darüber hinaus haben wir sie in der Mitte der letzten Woche vor der

Abb. 7
Einer der unproblematischsten Kandidaten bezüglich der Winterstarre: *Testudo hercegovinensis*

Überwinterung einmal für etwa 10 Minuten in lauwarmem Wasser gebadet, da sich der ganze Ablauf eben doch sehr verkürzt darstellt, wenn man ihn mit einer naturnahen Vorbereitung vergleicht.

Überwinterungsdauer und -temperaturen

Damit der Stoffwechsel zur Ruhe kommt und die Schildkröten während der Winterstarre keine unnötige Energie verbrauchen, ist eine Überwinterungstemperatur von 2-6 °C empfehlenswert. Die untere Grenze kann aber nur dann empfohlen werden, wenn sichergestellt ist, dass sie nicht unterschritten wird und die Schildkröten keinem Frost ausgesetzt werden. Wir haben alle unsere Europäischen Landschildkröten, inklusive der Steppenschildkröten viele Jahre bei einer Temperatur von 4-10 °C überwintert, wobei der obere Temperaturbereich aber keinesfalls dauerhaft erreicht wurde. Die meiste Zeit lagen die Temperaturen bei 4-6 °C.

Die Dauer war von den Witterungsverhältnissen abhängig. Den Zeitpunkt im Herbst wählten die Tiere selbst, meist war das Mitte Oktober bis Anfang November, da wir in beheizten Frühbeeten und Gewächshäusern die Schildkrötensaison verlängerten. Im Frühling haben wir die Tiere spätestens Mitte März geweckt und sie dann in die beheizten Anlagen im Freiland überführt. Das war unabhängig von der Wetterlage, es sei denn, die Tiere wachten durch eine frühe Schönwetterphase vor diesem Termin auf. Dann kamen sie natürlich auch früher heraus. Schlüpflinge erhielten eine verkürzte Winterstarre von etwa vier Monaten.

Abb. 8
Wenn man ein Übergangsterrarium benötigt, sollte es gut platziert sein wie hier unter einem Dachfenster. Die Tiere bekommen die natürliche Tageslänge und eine deutliche Nachtabsenkung zu spüren.

Abb. 9
Schlüpflinge von *Testudo horsfieldii* leiden sehr, wenn sie nicht in die Winterstarre können

Die Dauer der Winterstarre im natürlichen Lebensraum ist nur lückenhaft erforscht und ergibt viele gegensätzliche Informationen. Man sollte sich jedoch hüten, alles nachzumachen, was in der Natur möglich ist. Manches kann man auf die Haltung unter menschlicher Obhut nicht übertragen. So gibt es beispielsweise Berichte von *Testudo marginata*, die sich auch im Winter in manchen Gebieten ihres Verbreitungsgebietes immer wieder bei Schönwetterphasen aktiv zeigen (bspw. Wegehaupt 2004) oder als anderes Extrem viele Hinweise darauf, dass Jungtiere von *Testudo hermanni boettgeri* eine wesentlich längere Winterstarre erleben als ihre adulten Artgenossen (vgl. dazu die jeweiligen Artikel und Zitate in Fritz 2001). Wenn man das übernehmen will, weiß man zum einen gar nicht, ob die betreffenden

Tiere aus einer dieser beschriebenen Populationen stammen, und zum anderen gibt es zu viele Parameter, die zusammenspielen, damit so etwas klappt. Die nicht konsequent in Winterstarre gehenden Breitrandschildkröten legen dafür eine Sommerruhe ein. Das ist aber von keiner Haltung unter menschlicher Obhut bisher beschrieben. Mit Sicherheit ist diese Ruhephase aber für die Schildkröten von Bedeutung, um den längeren Aktivitätszeitraum auszugleichen. Dieser kurze Hinweis auf verschiedene Möglichkeiten der Dauer der Winterstarre soll nicht verwirren, sondern nur warnen, dass man sich manchmal doch lieber auf Bewährtes beschränken soll. Es spricht nichts dagegen, die oben angegebene Standarddauer für Tiere aus den besonders warmen Verbreitungsgebieten zu verkürzen, aber einen genauen Spiegel der Natur wird man nicht hinbekommen. Und so bleibt es nur übrig, die Parameter zu übernehmen, die von vielen erfahrenen Schildkrötenpflegern erprobt wurden und die sich bewährt haben.

Überwinterungsquartiere

Das klassische Überwinterungsquartier für Europäische Landschildkröten ist der Keller. Aber in Zeiten moderner Energiesparhäuser und gut isolierter ausgebauter Keller ist das häufig nicht mehr möglich. Ein optimales Umfeld für die Überwinterung bietet immer noch der gute alte Gewölbekeller mit seinen feuchten Wänden und einem gestampften Lehmfußboden. Moderne Kellerräume eignen sich nur noch bedingt, meist sind sie zu warm und zu trocken. Auch eine Unterbringung der Tiere in einem Stall oder einer Garage ist schwierig, vor allem, wenn es im Winter sehr kalt wird und man die Tiere dann vor Frost schützen muss. Schließlich haben sie dort nicht die Möglichkeit, sich im Boden einzugraben und so dem Frost zu entkommen. Insbesondere plötzliche Temperaturstürze haben da schon mancher Schildkröte das Leben gekostet, wenn dem Halter keine Zeit mehr blieb, darauf zu reagieren.

Deshalb empfiehlt es sich eher, die Schildkröten in einem speziell dafür herge-

Abb. 10
Auch ein Schlüpfling einer Dalmatinischen Landschildkröte ist problemlos bei einer Temperatur von 4-6 °C zu überwintern

Abb. 11
Breitrandschildkröten-Schlüpflinge dürfen nicht in zu feuchtem Substrat überwintert werden, weil sich sonst Erkältungskrankheiten einstellen können

richteten Gewächshaus zu überwintern (vgl. auch WILLIG S. 13-26 oder FRIESLEBER 2005). Wichtig ist dabei eine gute Isolation des Gewächshauses sowie ein ausreichender Schutz vor Ratten und – was häufig unterschätzt wird, jedoch genauso tragisch enden kann – vor Mäusen. Alternativ dazu kann man seine Schildkröten auch in einem Holzschutzhaus überwintern, sofern dieses frostfrei und sicher ist (vgl. KIRSCHE 1997). Diese Überwinterungsmethoden sind vor allem für Schildkrötenpfleger interessant, die eine große Anzahl Schildkröten überwintern müssen. Darüber hinaus sollte man den Vorteil nicht vernachlässigen, den die Schildkröten bei dieser Überwinterungsform genießen, sie können sich in ihrer gewohnten Umgebung selbstständig vergraben und müssen vor allem nicht mehr gestört werden. Ein Nachteil ist jedoch, dass eine Kontrolle der Tiere während der Winterstarre nur schwer möglich ist. Vor allem müssen deshalb Tiere, die etwas empfindlicher gegen Kälte sind oder deren Winterstarre eventuell nicht so lange dauern soll, so platziert werden, dass man sie unter Kontrolle hat und die Anlage entsprechend früher auch wieder in Warmbetrieb nehmen kann. Deshalb eignet sich diese Form der Überwinterung nur bedingt, wenn man mehrere Arten gemeinsam überwintern will. Abgesehen davon kann man nicht grundsätzlich davon ausgehen, dass sich alle Tiere tief genug eingraben. Es gibt artspezifische, aber auch individuelle Unterschiede (FRIESLEBER 2005). Besonders häufig treten Probleme bei *Testudo marginata* und *Testudo hermanni hermanni* auf. Man sollte deshalb immer kontrollieren, ob sich alle Schildkröten in die Erde vergraben haben und nicht nur unter dem lockeren Überwinterungssubstrat sitzen. Aus dem Grund sollte man auch unbedingt eine Alternative zur Verfügung haben.

Damit wären wir auch schon bei der nächsten Methode, der Kühlschranküberwinterung. Diese haben viele Pfleger für ihre Schildkröten jahrelang erfolgreich durchgeführt (bspw. THIERFELDT & HÖFLER-THIERFELDT 2002). Allerdings kristallisierte sich heraus, dass man nur technisch einwandfreie Kühlschränke benutzen sollte, keinesfalls ausrangierte alte „Schätzchen". Besonders eignen sich so genannte Weinkühlschränke, da sie ein optimales Temperaturspektrum bieten und mit feinfühligen Thermostaten ausgerüstet sind. Darüber hinaus sind sie extrem vibrationsarm, da teurer Wein eben nicht geschüttelt werden sollte. Gerade davon können auch unsere Pfleglinge nur profitieren!

Nachteilig ist bei der Kühlschranküberwinterung, dass man nur wenige adulte Tiere unterbringen kann und so kann es eine ganz schön kostspielige Angelegenheit werden, wenn man mehrere Kühlschränke benötigt.

Überwinterungssubstrat

Auch hier gibt es einen echten Klassiker, nämlich Laub. Am besten eignen sich Buchen- und Eichenlaub, aber mit Sicherheit gibt es noch weitere Alternativen. Schiffbruch haben wir einmal erlitten, als wir Laub eines Walnussbaums verwendeten. Kurz nachdem sich die Tiere im Laub vergraben hatten, trat eine ölige Substanz aus den Stängeln der Blätter aus und kontaminierte die Schildkröten. Daraufhin mussten wir die Blätter eiligst austauschten und die Schildkröten säubern.

Laub ist ein sehr gutes Überwinterungsmaterial. Es liegt sehr voluminös auf und bildet somit ein gutes Luftpolster zur Isolation, ohne im Verlauf des Winters zusammenzufallen. Die Tiere vergraben sich gerne darin. Allerdings darf es nicht zu feucht in die Überwinterungsplätze gebracht werden, da es sonst schimmelt. Deshalb kann die Beschaffung manchmal etwas schwierig sein – vor allem wenn der Herbst sehr verregnet ist und man eine größere Menge zu trocknen hat. Es ist auch universell einsetzbar. Man kann sowohl die große Bodenfläche eines Gewächshauses damit überdecken, wie auch eine Überwinterungskiste für den Kühlschrank oder Keller damit auffüllen.

Ein dem Laub ebenbürtiges Substrat ist Roggenstroh. Dieses hat die gleichen Eigenschaften wie Laub. Zusätzlich ist es von Vorteil, dass es beim Bauern trocken und preisgünstig zur Verfügung steht, leicht transportabel und lagerfähig ist und wenig Staub entwickelt. Letzteres ist ein besonders wichtiger Faktor zur Gesunderhaltung der Schildkröten. Man kann Laub und Stroh auch gut kombinieren. FRIESLEBER (2005) füllt das Gewächshaus, nachdem sich die Schildkröten unter dem Laub im Boden eingegraben haben mit Roggenstroh zur weiteren Isolierung auf. In dem speziellen Fall hat die Schicht auch die überaus wichtige zusätzliche Funktion vor Wärme zu schützen, die sich durch Sonneeinstrahlung ergeben kann.

Die Höhe der Laub- und Strohschicht richtet sich nach der Überwinterungsmethode, beim Gewächshaus oder im Keller sind 50 cm angemessen. Im ersten Fall dient die Schicht nur der Isolierung, da die Tiere im Boden eingegraben sind. Im Keller hingegen dienen Laub und Stroh den Schildkröten auch zum Eingraben.

Man benötigt zusätzlich jedoch noch Überwinterungsboxen. Diese sollten zunächst mit einer Schicht aus festem Substrat verse-

Abb. 12
In der Natur finden die Schildkröten kurz vor der Winterstarre rohfaserreiches Futter vor – wie hier *Testudo hermanni hermanni* auf Sardinien

Abb. 13
Stroh eignet sich hervorragend als Isolationsmaterial

hen werden. Wir haben im Gewölbekeller sehr gute Erfahrungen mit einer dicken Schicht Gartenerde gemacht. Die Höhe sollte der Carapaxhöhe des größten Tieres entsprechen und dann mit einer ebenfalls etwa 50 cm hohen Laub- oder Strohschicht aufgefüllt werden. Im Kühlschrank muss man natürlich Kompromisse eingehen, da meist der Platz für hohe Boxen nicht genügt, sodass die Grundschicht dünner ausfallen kann. Die Laubschicht muss aber auch im Kühlschrank hoch genug, sein, dass sich die Tiere gut darin vergraben können. Keinesfalls eignen sich Torf, Rindenmulch, Rindenhumus und Sand als Überwinterungssubstrate. Torf und Sand sind problematisch, weil sie sehr stauben und bei den Tieren Atemwegsprobleme hervorrufen können. Rindenmulch und -humus werden durch Kompostierung gewonnen und können somit mit schädlichen Schimmelsporen verunreinigt sein, was ein Gesundheitsrisiko für unsere Pfleglinge bedeuten kann.

Die Überwinterungssubstrate sollten leicht feucht sein. Im Gewächshaus genügt das einmalige Anfeuchten des Bodens im Herbst. Hat der Keller eine ausreichende relative Luftfeuchtigkeit (60-70 %), so genügt das ebenfalls. Im Kühlschrank sollte ein hinzugestelltes Gefäß mit Wasser der trockenen Kühlschrankluft entgegenwirken. In allen Fällen ist dann ein Nachfeuchten während des Winters nicht mehr notwendig.

Während der Winterstarre

Man sollte seine Schildkröten regelmäßig kontrollieren. Das heißt aber nicht, dass man sie ständig anfassen sollte. In unseren Anfangszeiten der Schildkrötenhaltung haben wir die Tiere regelmäßig herausgeholt und gewogen, nur um festzustellen, dass sich nichts veränderte. Das würden wir heute nicht mehr empfehlen. Es dient zwar der eigenen Beruhigung, aber es ist immer ein störender Eingriff während der Ruhephase. Es genügt nachzuschauen, ob die Schildkröten sich selbst ausgegraben haben (Gewächshaus) oder gar oben auf dem Substrat liegen. Dabei ist es auch nicht tragisch, wenn die Schildkröten im Keller oder Kühlschrank ihre Position in der Überwinterungsbox ein wenig verändert haben. So etwas kommt vor und ist kein Grund zur Beunruhigung, solange die Schildkröten wieder unter dem schützenden Substrat liegen und ihre Winterstarre fortsetzen. Wenn eine Schildkröte auf dem Substrat sitzt, sollte man sie einmal

Abb. 14
Das Gewächshaus ist mit einer Schicht aus Laub und darüber liegendem Stroh aufgefüllt, damit die im Boden ruhenden Schildkröten weder warme noch kalte Wetterwechsel spüren
Foto: Petra Friesleber

betrachten, ob irgendetwas auffällig ist, beispielsweise rote Flecken auf dem Plastron oder schleimig verklebte Augen. Zusätzlich sollte man dann auch das Gewicht kontrollieren. Sollte alles in Ordnung sein, setzt man die Schildkröte vorsichtig unter das Laub und überprüft, ob sie weiter wach bleibt oder wieder ruht. Häufig hat das Erfolg und die Schildkröte setzt ihre Winterstarre fort.

An dieser Stelle noch ein Wort zur Gewichtsabnahme. Gesunde Schildkröten nehmen während der Vorbereitung auf die Winterstarre bezogen auf das Höchstgewicht ab. Wenn jedoch erst einmal die Winterstarre begonnen hat, sind nur noch minimale Gewichtsschwankungen normal. Gewichtsverluste von 5-10 %, wie sie in mancher Literatur angegeben werden, sind keinesfalls tolerierbar. Man muss natürlich bei Schlüpflingen darauf achten, dass man eine geeignete Waage hat, ansonsten hat man leicht eine Abweichung von 5 %, die lediglich eine Folge eines Rundungsfehlers ist.

Zurück zur aufgewachten Schildkröte. Wenn sie also zu viel abgenommen hat oder die äußerliche Kontrolle zu Bedenken führt, hilft nur noch eins, rausnehmen! Die Schildkröte sollte in einen kühlen, nicht kalten Raum überführt werden und ein schildkrötenerfahrener Veterinär konsultiert werden. Am besten ruft man vorher an und fragt, ob es möglich ist, die noch nicht ganz aktive kühle Schildkröte mitzubringen. In dem Fall kann man sie leichter später wieder zurück in die Winterruhe bringen, sollte doch alles in Ordnung sein. Keinesfalls sollte man sie ganz aufwärmen und füttern, sondern erst nach Absprache mit dem Arzt, beispielsweise, weil eine Erkrankung festgestellt wurde, die Medikamente nötig macht.

Abschließend bleibt zu sagen, dass die Winterstarre eine notwendige Maßnahme für das Wohlbefinden der Europäischen Landschildkröten ist. Sie bildet den Grundstein für eine gesunde und artgerechte Haltung. Spätestens, wenn die Schildkröten im Frühjahr ihr Überwinterungsquartier verlassen und mit frischer Aktivität ihre Umgebung erkunden, wird man feststellen, dass es zwar für den Schildkrötenfreund eine langweilige und eventuell etwas beunruhigende Erfahrung war, sich der Aufwand aber auf alle Fälle gelohnt hat.

Abb. 15a-b
Fertig präparierte Überwinterungskiste (a) für den Kühlschrank (b)
Fotos: Stefan Gabriel

Literatur

Bidmon, H.-J. (2001): Regulation der Ruhephasen bei Schildkröten: Was ist bekannt und welche Konsequenzen ergeben sich für die erfolgreiche Haltung? – Radiata, Haan 10 (4): 3-19.

Bidmon, H.-J. (2006a): Die Aufzucht und Ernährung Europäischer Landschildkröten – Grundlagen und Rezepte, Futtermittel und Zusatzstoffe. – S. 117-136 in: Daubner, M. & T. Vinke (Hrsg.): *Testudo* – häufig gehaltene Arten – Schildkröten im Fokus

Sonderband. – Bergheim (dauvi-Verlag).

Bidmon, H.-J. (2006b): Wissenschaft im Fokus. Kommentar zu Neiffer et al. (2005): Journal of Zoo and Wildlife Medicine 36 (4): 661-672. – Internet http://www.schildkroeten-im-fokus.de/wif/neiffer01.htm, Stand 15.5.2006.

Friesleber, P. (2005): Überwinterung von Europäischen Landschildkröten im Freigehege – ein Erfahrungsbericht. – Schildkröten im Fokus, Bergheim 2 (4): 27-32.

Fritz, U. (Hrsg.) (2001): Handbuch der Reptilien und Amphibien Europas. Band 3/IIA Schildkröten (Testudines) I (Bataguridae, Testudinidae, Emydidae). – Wiebelsheim (Aula-Verlag), 595 S.

Häbich, M. (2006): Die Haltung der Steppenschildkröte, *Testudo horsfieldii* – mit den richtigen Parametern nicht so kompliziert, wie mancher denkt! – S. 59-68 in: Daubner, M. & T. Vinke (Hrsg.): *Testudo* – häufig gehaltene Arten – Schildkröten im Fokus Sonderband. – Bergheim (dauvi-Verlag).

Kirsche, W. (1997): Die Landschildkröten Europas. Biologie, Pflege, Zucht und Schutz. – Melle (Mergus Verlag) 103 S.

Ivanchev, I. E. (2006): Population ecology and biology of *Testudo hermanni* at Eminska Mountain, Bulgaria. – Acta Zoologica Bulgarica 58: im Druck.

Neiffer, D. L., D. Lydick, K. Burks & D. Doherty (2005): Hematologic and plasma biochemical changes associated with fenbendazole administration in Hermann's tortoises (*Testudo hermanni*). – Journal of Zoo and Wildlife Medicine 36 (4): 661-672.

Thierfeldt, S. & S. Höfler-Thierfeldt (2002): Überwinterung von Schildkröten im Kühlschrank. – Radiata, Haan 11 (4): 42-44.

Wegehaupt, W. (2004): Sardinien, die Insel der europäischen Schildkröten. – Kressbronn (Wegehaupt Verlag), 191 S.

Willig, S. (2006): Modell einer ganzjährigen naturnahen Freilandhaltung von Europäischen Landschildkröten im Norden Deutschlands. – S. 13-26 in: Daubner, M. & T. Vinke (Hrsg.): *Testudo* – häufig gehaltene Arten – Schildkröten im Fokus Sonderband. – Bergheim (dauvi-Verlag).

Autoren

Thomas & Sabine Vinke
Filadelfia 853
9300 Fernheim
Paraguay
E-Mail: S-T-Vinke@gmx.de

Abb. 16
Die Winterstarre ist eine wichtige Voraussetzung für ein langes Leben

THORBEN SCHNEIDER, Lübeck

Schildkröten im geschützten „Anbau"?!

Da es in Nord- und Mitteleuropa nur wenige Gebiete gibt, die klimatisch begünstigt sind, haben schon viele Menschen als Lösung für Gemüse und andere Pflanzen den so genannten geschützten Anbau entdeckt: das Gewächshaus. Schildkröten – und auch andere Reptilien – profitieren ebenso wie Tomaten und Kakteen von einer Haltung unter wärmeproduzierenden Materialien. Vor dem Kauf und Bau so einer geschützten Anlage gibt es Einiges zu überdenken, dabei möchte dieser Artikel helfen.

Strahlungsbereiche

Die Sonnenstrahlung gliedert man aufgrund der unterschiedlichen Wellenlängenbereiche in UV-Strahlung (Ultraviolett), sichtbare Strahlung und Wärmestrahlung (Infrarot). Die UV-Strahlung wird in Abhängigkeit vom verwendeten Material mehr oder minder durchgelassen, die sichtbare Strahlung wird grundsätzlich gemindert. Die Wärmestrahlung dagegen wird von Glas und transparenten Kunststoffen immer durchgelassen. Sie bewirkt so den so genannten Glas- oder Gewächshauseffekt.

Abb. 1
Selbst große Gewächshäuser können sich harmonisch in den Garten einfügen Foto: ANKE MÖHLMANN

Gewächshaus oder Frühbeetkasten?

Das ist eine nicht ganz einfach zu beantwortende Frage. Beide haben ihre Vor- und Nachteile.

Ein Gewächshaus ist teurer als ein Frühbeet und benötigt oft eine Baugenehmigung. Vor allem in kleineren Gärten ist es manchmal problematisch, einen geeigneten Standort zu finden, da neben Schattenfall und Optik auch Abstände zum Nachbargrundstück zu beachten sind. Außerdem erwärmt sich ein Gewächshaus meist langsamer als ein Frühbeet, dafür werden jedoch Temperaturschwankungen aufgrund des größeren Volumens abgemildert. Darüber hinaus kann ein Gewächshaus neben den Schildkröten auch dem Benutzer dienen, indem er sich selbst an kühlen Tagen zum Sonne tanken darin aufhält oder dieses zusätzlich für seine Kakteensammlung oder Ähnliches nutzt.

Pflegt man nur wenige Schildkröten, kann ein Frühbeet völlig ausreichen. Mit einem anschließenden Freigehege passt es sich leicht in den vorhandenen Garten ein, wirkt nicht so dominant wie ein Gewächshaus, und ist sehr schnell auf Betriebstemperatur. Aber gerade das ist auch ein großer Nachteil, man sollte Frühbeete immer mit Automatiklüftern ausstatten, um bei Sonnenschein ein Überhitzen zu vermeiden. Leider kühlen Frühbeete auch wesentlich schneller aus. Deshalb ist es ratsam, einen Wärmespeicher beispielsweise einige Ziegelsteine oder Wasserkanister einzubringen, die sich tagsüber erwärmen und nachts die Wärme langsam wieder abgeben (vgl. Bidmon S. 39-48).

Abb. 2
Frühbeete werden schneller warm, können dafür aber auch leichter überhitzen – hier sorgt eine Schattierung für Schutz
Foto: Angela Herzog

Ein weiterer Vorteil des Frühbeetes ist seine Flexibilität. So kann im Sommer die Bedachung leicht entfernt werden, um ungefiltertes Sonnenlicht einzulassen. Besonders bei juvenilen Schildkröten ist es wichtig, dann einen Rahmen mit Gittergewebe aufzulegen, da sie sonst leicht Opfer von Rabenvögeln werden. Bei einem Gewächshaus benötigt man da ein zusätzliches Freigehege, ein Schutz von Jungtieren ist dann nur schwerlich möglich.

Aufstellungsort und Aufstellungsrichtung

Bei der Aufstellung eines Gewächshauses müssen, wie oben schon angedeutet, baurechtliche und nachbarschaftsrechtliche Gesetze beachtet werden. Da vor allem Erstere nicht allgemeingültig sind, sollte man sich vor dem Bau bei seiner zuständigen Kommunalverwaltung erkundigen. Des Weiteren sollte auf Beschattung durch Gebäude und Bäume in der Umgebung geachtet werden. Besonders bei Bäumen sollte man auch den

Abb. 3
Großräumige Frühbeetkästen kombinieren die Vorteile von Frühbeet und Gewächshaus, sie erwärmen sich schnell und die Schildkröten haben Platz
Foto: Gerhard Eger

Abb. 4
In diesem Gewächshaus wachsen Opuntien, die nicht nur schön aussehen, sondern von den Schildkröten auch gerne gefressen werden Foto: Thomas Vinke

Zuwachs in den nächsten Jahren bedenken. Das kleine Bäumchen von heute kann noch leicht umgepflanzt werden, der Riese in zehn Jahren nur noch mit viel Aufwand gefällt werden. Dass der Standort nicht von Hochwasser, hohem Grundwasserstand oder Dachentwässerungen betroffen sein sollte, versteht sich von selbst.

Die Ausrichtung des Gewächshauses ist abhängig von der Nutzung. Werden mediterrane Gäste gepflegt, empfiehlt sich eine Giebelausrichtung in Nord-Süd-Richtung, so dass eine Stehwandseite, die mehr Glasfläche hat, schon die Morgensonne aus Osten in Wärme umwandeln kann. Die Mittagssonne scheint dann auf die kleinere Giebelseite und kann das Haus nicht ganz so stark erwärmen. Die Abendsonne hat dann wieder eine Stehwand mit großer Glasfläche. Meine *Testudo hermanni boettgeri* lieben es, vor dem Schlafengehen noch einmal Sonne zu tanken. Pflegt man Schildkröten aus heißeren Gebieten, vielleicht sogar nicht überwinternde Arten ganzjährig im Gewächshaus, sollte man die Giebelausrichtung Osten-Westen wählen, um über eine große Stehwand die Mittagssonne maximal auszunutzen.

Bei Frühbeetkästen sollten die Fenster wenn möglich nach Südosten ausgerichtet werden. So kann ein Teil der Morgensonne genutzt werden, und die Mittagssonne scheint nicht die ganze Zeit auf die Scheiben. Trotzdem die Automatiklüfter nicht vergessen und bei anhaltenden Schönwetterlagen Scheiben gegen Gitter tauschen!

Haustypen

Bei den Gewächshäusern bietet der Handel eine Vielzahl von Typen an. Ein jeder hat seine Vorzüge und Nachteile, deshalb möch-

Abb. 5
Alltop-Verglasungen sind die teuerste Alternative, dafür bekommen die Schildkröten aber auch im Frühbeet ihre Dosis der wichtigen UV-Strahlung Foto: ANGELA HERZOG

te ich nur die wichtigsten erwähnen. Das Anlehngewächshaus lehnt mit einer Längsseite an einem festen Gebäude und lohnt eigentlich nur an einer Südwand, wird dort aber sehr heiß. Möglich wäre auch ein Anschluss vom Giebel her. Ein Vorteil ist die Möglichkeit, wie bei einem Wintergarten einen Zugang vom Wohnhaus aus zu schaffen. Die Installation einer Heizung ist auch einfacher als beim freistehenden Gewächshaus.

Das freistehende Gewächshaus kann in Form und Größe allen Erfordernissen angepasst werden und stellt meist das Haus der Wahl dar.

Folientunnel sind billiger als Häuser, haben aber je nach Folie eine kürzere Lebensdauer. Auch sollte man als ökologisch denkender Schildkrötenhalter nicht alle paar Jahre den Plastikmüllberg erhöhen. Einige Hersteller bieten Tunnel mit Polycarbonatplatten als Bedachung an.

Bei Frühbeetkästen sind neben dem einseitigen Standardtyp auch Modelle mit Satteldach, also zweiseitig, auf dem Markt. Letzterer Typ kann wie ein Gewächshaus zur Sonne ausgerichtet werden.

Materialien

Für die tragende Konstruktion hat sich Aluminium durchgesetzt. Es bietet den besten Kosten-Nutzen-Faktor und ist sehr haltbar. Holzkonstruktionen sehen zwar sehr gut aus, sind aber schwer, oft nicht maßhaltig und bedürfen regelmäßiger Wartung mit Holzschutzmitteln.

Bei der Auswahl der Eindeckstoffe ist wieder die Frage der Nutzungsdauer zu stellen. Wer das Haus ganzjährig nutzen möchte, sollte auf die Wärmeleitfähigkeit, also den

K-Wert, achten. Auch die UV-Durchlässigkeit ist dann zu beachten. Bei kombinierter Freiland- und Gewächshausnutzung ist zumindest bei adulten Schildkröten die UV-Durchlässigkeit nicht unbedingt so entscheidend. Die vernünftigste Lösung stellen Alltop-Platten dar, die haben aber ihren Preis.

Möglich ist auch eine Kombinationsverglasung, beispielsweise das Dach in Plexiglas oder Alltop und die Stehwände in Glas. Das hat den Vorteil, dass man aus dem Gewächshaus hinaus, bzw. hineinsehen kann. Die Eigenschaften der verschiedenen Materialien können aus der Tabelle entnommen werden.

Sonderformen

Wer handwerklich versiert ist, dem stehen natürlich viele Möglichkeiten offen. So können beispielsweise Holzgartenhäuser mit großen Fenstern umgebaut werden, indem man das Dach mit Stegdoppelplatten ersetzt. Das kann, wenn es gut gemacht wird, toll aussehen und hält die Wärme besser als ein reines Glashaus. Die bereits kurz erwähnten Tunnelhäuser mit einer Bespannung aus 6 mm Stegdoppelplatten sind eine interessante und kostengünstige Variante.

Zubehör

Als erstes sei da an eine Heizung gedacht, denn gerade in der Übergangszeit gibt es sicherlich die eine oder andere Nacht, in der die Temperaturen auch im Gewächshaus zu niedrig für die Schildkröten werden. Für den kurzzeitigen Einsatz eignen sich elektrische Heizlüfter. Dafür benötigt man im Gewächshaus natürlich einen Stromanschluss. Den sollte man jedoch generell haben, da auch tagsüber, wenn das Sonnenlicht nicht aus-

	Folie	3-fach Platten aus Makrolon	Blankglas	Isolierglas doppelte Verglasung mit Blankglas	Stegdoppelplatten aus Polycarbonat mit „No-Drop-Beschichtung“				Platten aus Plexiglas „Alltop“
Stärke in mm	ca. 0,2	16	4	ca. 16,5	6	8	10	16	16
UV-Durchlässigkeit	nein	nein	nein	nein	nein	nein	nein	nein	ja
Lichtdurchlässigkeit in %	89	72	90,8	83	82	81	80	76	91
Lichtbeständigkeit	gering	gut	sehr gut	sehr gut	gut	gut	gut	gut	sehr gut
Hagelfestigkeit	sehr gering	sehr gut	gering	gut	gut	sehr gut	sehr gut	sehr gut	gut
Bruchsicherheit	gut	sehr gut	gering	gering	gut	sehr gut	sehr gut	sehr gut	sehr gut
Tropfenresistenz	sehr gering	gut	gering	gering	gut	gut	gut	gut	sehr gut
Wärmedurchgang K-Wert	8,5-10	2,4	6,0	3,0	3,6	3,3	3,0	2,3	2,8

Tabelle 1
Übersicht der unterschiedlichen Eigenschaften verschiedener Materialien

reicht, mit Lampen Sonne simuliert werden sollte. Die elektrischen Heizlüfter sind meist mit einem Thermostaten ausgestattet, den man aber regelmäßig auf seine Funktion überprüfen sollte, damit man keine bösen Überraschungen erlebt. Gasbetriebene Heizungen sind, sofern sie mit einem Thermostaten ausgestattet sind, um einiges teurer. Auf diesen sollte man aber aufgrund der Genauigkeit und Sicherheit nicht verzichten. Ein Nachteil dieses Heizungstyps ist die Abhängigkeit von Gasflaschen, die leider oft genug ausgerechnet am Sonntagmorgen oder mitten in der Nacht leer sind. Auch der offiziell vorgeschriebene Transport auf „offenen Fahrzeugen" ist nicht immer durchzuführen. Optimal ist ein Heizkörper, der von der hauseigenen Heizungsanlage versorgt wird. Die Installation ist aber nur von Fachleuten durchführbar.

Oft sind Schildkrötenhalter auch Kakteenliebhaber. Da bietet das Gewächshaus viele Möglichkeiten, und der Handel auch viel Zubehör in Form von Regalen, Konsolen und Tischen. Allerdings sollten diese Teile nicht an der Hauptlichteinfallsseite montiert werden, da sonst zu viele Schattenflächen auf dem Boden entstehen. Besser ist, sie an der gegenüberliegenden Seite anzubringen.

Wer beispielsweise auch eine Tomaten- oder Gurkenpflanze nutzen möchte – natürlich nicht für die Schildkröten – dem seien große Kunststoffmörtelkübel empfohlen. In den meisten Baumärkten kann man sie billig kaufen, und mit einigen Abzugslöchern im Boden und guter Erde versehen wachsen die Pflanzen, unerreichbar für die Schildkröten, sehr gut. Allerdings ist der Wasserbedarf recht hoch, da sich die schwarzen Kübel gut erwärmen. Abends gegossen erhöht sich

Abb. 6
Mit der Aufstellung eines Frühbeetes oder Gewächshauses ist es noch nicht getan, Sonnenplätze und Heizung gehören dazu! Foto: Angela Herzog

dann über Nacht die Luftfeuchtigkeit und sie speichern auch noch Wärme. So sorgen die Pflanzen im Gewächshaus für ein gutes Raumklima.

Besonders ans Herz legen möchte ich den Erwerb von mindestens einem automatischen Fenster- bzw. Türöffner. Diese Öffner arbeiten automatisch und wartungsfrei über Öldruck. Bei steigenden Temperaturen dehnt sich das Öl aus und öffnet, je nach Temperatur, das Fenster mehr oder weniger. So kann eine tödliche Überhitzung vermieden werden. Auch in Norddeutschland können im Gewächshaus Temperaturen erreicht werden, die für Schildkröten letal sind, zumindest wenn das mit einem Unglück kombiniert wird und sich die Schildkröten nicht in der Erde verkriechen können, beispielsweise, wenn eine auf den Rücken gefallen ist.

Resümee

Abschließend möchte ich jedem Schildkrötenhalter – und wenn er auch nur eine Schildkröte pflegt – die Haltung unter geschützten Bedingungen empfehlen. Die Tiere werden es Ihnen mit besserer Gesundheit, höherer Aktivität, natürlichen Verhaltensweisen und besseren Nachzuchtergebnissen danken.

Literatur

Bidmon, H.-J. (2006): Aquarienheizer, Wasserkanister und Basaltsäulen zur Temperierung von Frühbeeten und Legehügeln während der Freilandhaltung von Schildkröten: Langjährig erprobte, praktikable Alternativen. – S. 39-48 in: Daubner, M. & T. Vinke (Hrsg.): *Testudo* – häufig gehaltene Arten – Schildkröten im Fokus Sonderband. – Bergheim (dauvi-Verlag).

Autor

Thorben Schneider
Lübeck
Telefon: 0451/690480

Abb. 7
Manchmal kann man auch zwei Hobbys verbinden wie Kakteen und Schildkrötenhaltung
Foto: Ulrich Hennen

STEFAN GABRIEL, Köln

Die Maurische Landschildkröte *Testudo graeca ibera*

Der *Testudo-graeca*-Komplex ist der vielfältigste unter den Europäischen Landschildkröten und gibt noch viele Rätsel auf. Die Verbreitung der Maurischen Landschildkröten erstreckt sich rund um das Mittelmeer, das Schwarze Meer bis hin zum Kaspischen Meer und in den Iran hinein. Aufgrund dieses großen Gebiets und der dort sehr unterschiedlichen Klimaverhältnisse ist es von großer Bedeutung zu wissen, welcher Unterart unsere Pfleglinge angehören. Zu unterschiedlich sind die Bedürfnisse der Schildkröten und dementsprechend auch die Anforderungen an den Halter.

Systematische Verwirrung

Die Bezeichnungen *ibera* und *graeca* sind etwas irreführend. Noch bis zum Anfang des 20. Jahrhunderts wurde die Griechische Landschildkröte mit *Testudo graeca* LINNAEUS, 1758 bezeichnet und die Maurische Landschildkröte mit *Testudo ibera* PALLAS, 1814. *Testudo hermanni* GMELIN, 1789 hielt man fälschlicherweise für ein Synonym von *Testudo graeca* (BUSKIRK et al. 2001). SIEBENROCK erkannte zwar 1913 die „Verwandtschaft" zwischen *T. graeca* und *T. ibera*, die wissenschaftlichen Namen wurden damals, um keine Verwirrung zu stiften, jedoch noch nicht geändert. Erst 1925 revalidierte FLOWER *Testudo hermanni*, die Griechische Landschildkröte, und fasste dann *T. g. ibera* als Unterart von *T. graeca*, der Maurischen Landschildkröte, auf.

Abb. 1
Testudo graeca ibera – eine beeindruckende Erscheinung

Unterart	Erstbeschreibung	Trivialname	Vorkommen
Testudo graeca anamurensis	Weissinger, 1987	Anamur-Landschildkröte	südliche Türkei
Testudo graeca antakyensis	Perälä, 1996		Südosttürkei, Syrien, Libanon und Israel
Testudo graeca armeniaca	Chkhikvadze & Bakradze, 1991	Armenische-Landschildkröte	Armenien, Aserbaidschan, nordwestlicher Iran, südöstliche Türkei
Testudo graeca buxtoni	Boulenger, 1920	Kaspische-Landschildkröte	vermutlich Iran, Westküste des Kaspischen Meeres, bisher nur ein Museumsexemplar bekannt
Testudo graeca cyrenaica	Pieh & Perälä, 2002		nordöstliches Libyen
Testudo graeca floweri	Bodenheimer, 1935		Libanon und Israel
Testudo graeca graeca	Linnaeus, 1758		südliches Spanien, Marokko, Algerien, Tunesien (Sardinien und die Balearen eingeführt)
Testudo graeca ibera	Pallas, 1814		Aserbaidschan, Georgien, Armenien, nördlicher Iran, Türkei, Griechenland, Mazedonien, Rumänien und Bulgarien
Testudo graeca lamberti	Pieh & Perälä, 2004		nördliches Marokko
Testudo graeca marokkensis	Pieh & Perälä, 2004		Nordwesten von Marokko
Testudo graeca nabeulensis	Highfield, 1990	Tunesische-Landschildkröte	Tunesien
Testudo graeca nikolskii	Chkhikvadze & Tuniyev, 1986	Kaukasische-Landschildkröte	Kaukasus
Testudo graeca pallasi	Chkhikvadze & Bakradze, 2002	Daghestan-Landschildkröte	Dagestan, evtl. Aserbaidschan
Testudo graeca perses	Perälä, 2002		Zagros-Gebirge (Iran bis südöstliche Türkei und nördöstlicher Irak)
Testudo graeca soussensis	Pieh, 2001		Souss-Tal in Marokko
Testudo graeca terrestris	Forsskal, 1775		südöstliche Türkei, nördliches Syrien, nördlicher Irak
Testudo graeca zarudnyi	Nikolsky, 1896		Iran

Tabelle 1
Aktuelle Unterarten der Maurischen Landschildkröte und ihre Verbreitung nach Andreu et al. (2004) und Pieh & Perälä (2004). Man beachte, dass aufgrund unterschiedlicher Betrachtungsweisen der Wissenschaftler zwar nicht alle in der Tabelle aufgeführten Taxa als Unterart von *Testudo graeca* benannt worden sind, sondern teilweise auch Artstatus erhalten haben. Der Übersichtlichkeit wegen habe ich hier jedoch auf die Differenzierungen verzichtet.
Bei den Bezeichnungen *„flavominimaralis"*, *„whitei"* und *„ecaudata"* handelt es sich nach allgemeinem Übereinkommen der Wissenschaft um zweifelhafte Namen. Die in älterer Literatur ebenfalls auftretenden Namen *„pusilla"*, *„bicaudalis"*, *„mauritanica"* sind ungültig, es handelt sich hier um Synonyme (doppelte Beschreibungen).

Auch in der modernen Wissenschaft ist man sich heute leider immer noch nicht einig, nach welchen Kriterien man am besten die einzelnen Arten und Unterarten bestimmt und so ist noch viel von der Verwirrung geblieben. Noch vor einigen Jahren wurde nur zwischen wenigen Unterarten unterschieden. Es gab eine östliche und westliche *Testudo graeca graeca* LINNAEUS 1758, eine östliche und westliche Form von *Testudo graeca ibera* PALLAS, 1814, *Testudo graeca terrestris* FORSKAL, 1775 und *Testudo graeca zarudnyi* NIKOLSKIJ 1896 (bspw. WERMUTH & MERTENS 1961 oder PRITCHARD 1979). Selbst 1996 listet ROGNER lediglich eine weitere Unterart auf, *Testudo graeca nikolskii* CHKHIKVADZE & TUNIJEV 1986.

Seitdem hat sich jedoch sehr viel getan und der aktuelle Stand ist – soweit mir bekannt – 17 Unterarten (vgl. ANDREU et al. 2004, aktualisiert mit PIEH & PERÄLÄ 2004), die ich mit ihren Verbreitungsgebieten aufgeführt (s. Tabelle 1) habe. Die Grenzen gehen fließend ineinander über, sofern keine natürlichen Barrieren wie hohe Gebirgszüge oder unüberwindbare Flüsse die Ausweitung verhindern. Ob diese Unterarten so bestehen bleiben, ob sie überhaupt berechtigt bzw. sogar schon wieder veraltet sind, werden wir in den nächsten Jahren sicherlich durch moderne Untersuchungsverfahren und Nachforschungen der Schildkrötenenthusiasten unter den Herpetologen erfahren. Ziemlich unstrittig ist mittlerweile, dass es zwei gut abgrenzbare Hauptlinien gibt, die *ibera*-Gruppe und die *graeca*-Gruppe (bspw. FRITZ et al. 1996, BUSKIRK et al. 2001, VAN DER KUYL 2002). Die nächste Verwirrung ist aber bereits vorprogrammiert, so wird in aktueller Literatur *Testudo graeca ibera* bereits mit der taxonomischen Abkürzung „cf. = confer" versehen, was aus dem Lateinischen stammt und so viel wie „vergleichbar" bedeutet. Das weist auf die bevorstehende Aufteilung dieser Unterart hin. Aufgrund der Regeln zur Namensgebung anhand des ersten beschriebenen Exemplars wird früher oder später dieser

Abb. 2
Es ist nicht möglich, *Testudo graeca ibera* anhand ihrer Carapaxzeichnung einem Herkunftsgebiet zuzuordnen. Diese Schildkröten stammen alle aus der Umgebung von Kemer in der Türkei und sind dennoch sehr unterschiedlich gefärbt.

Abb. 3a & Abb. 3b
Maurische Landschildkröten haben keinen Hornnagel am Schwanz, dafür aber deutlich ausgeprägte Hornkegel seitlich desselben, die bereits eine Identifizierung eines Jungtiers zulassen

Name nur noch für eine in Aserbaidschan, Georgien, Armenien und nördlichem Iran vorkommende Form gelten. Die häufig unter menschlicher Obhut gehaltenen Tiere aus Griechenland, Mazedonien, Bulgarien, Rumänien und der Türkei werden dann einen oder mehrere neue Namen erhalten (Andreu et al. 2004). Da es aber (noch) nicht so weit ist, ist im Folgenden mit *Testudo graeca ibera* genau die häufig gepflegte Unterart vom Balkan bzw. der Türkei gemeint.

Wie man aus der Aufzählung entnehmen kann, reicht die Verbreitung der Maurischen Landschildkröte vom mediterranen bis hin zum Wüstenklima. Somit sind einige Unterarten durch die recht kühlen, teilweise sogar extremen winterlichen Temperaturen im Habitat gezwungen, eine Winterruhe zu

Abb. 4a & Abb. 4b
Die Kopfschilde sind bei *Testudo graeca ibera* um den zentralen Schild annähernd symmetrisch angeordnet (links), bei *Testudo hermanni* (rechts) wirken sie eher zufällig verteilt

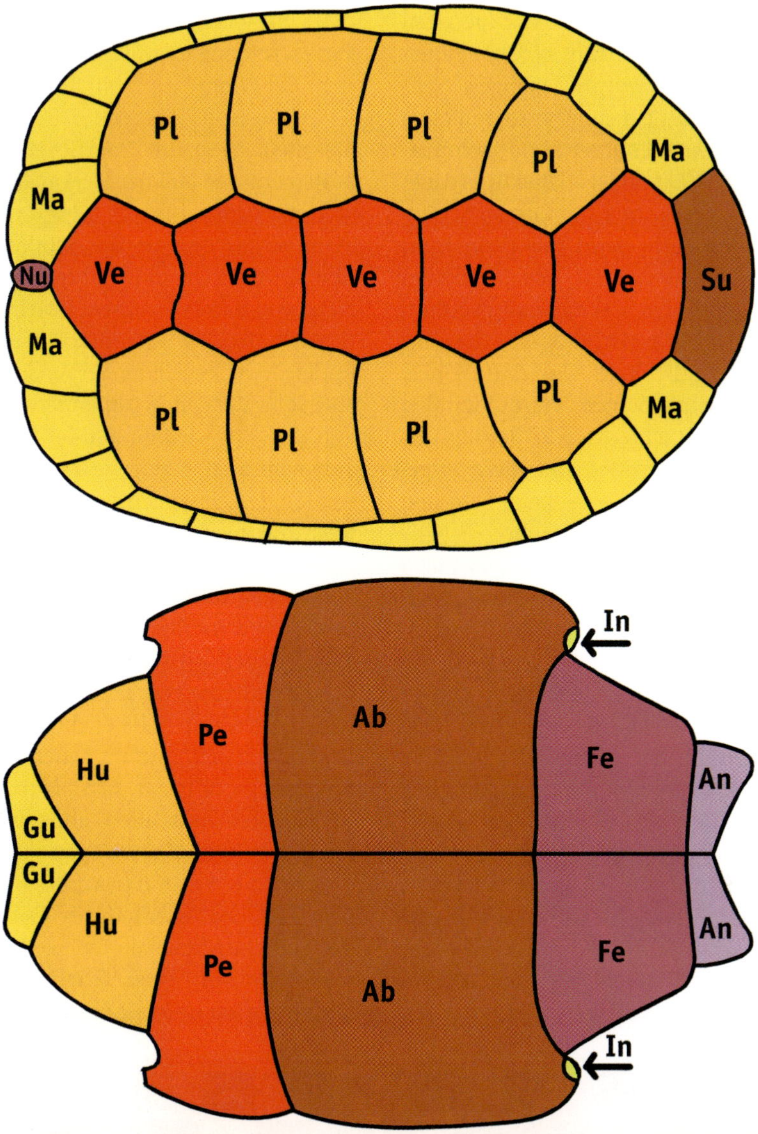

Grafik 1
Schematische Zeichnung einer Maurischen Landschildkröte

Carapax (Rückenpanzer)
Nu - Nuchale oder Praecentrale, Nackenschild
Ve - Vertebralia oder Centralia, Wirbelschilde
Su - Supracaudale oder Postcentrale, Schwanzschild
Pl - Pleuralia oder Lateralia, Rippenschilde
Ma - Marginalia, Randschilde

Plastron (Bauchpanzer)
Gu - Gularia, Kehlschilde
Hu - Humeralia, Armschilde
Pe - Pectoralia, Brustschilde
Ab - Abdominalia, Bauchschilde
Fe - Femoralia, Schenkelschilde
An - Analia, Afterschilde
In - Inguinalia

Zeichnung: Michael Daubner

halten. Andere nordafrikanische Unterarten kennen die Hibernation nicht, sind aber ihrerseits wiederum gezwungen, mangels Nahrungsangebot, und bei zu lebensfeindlichen Hitzeperioden eine schutzsuchende Sommerruhe einzulegen. Für uns als Halter ist es daher essenziell, das Herkunftsland unserer Schildkröten zu ermitteln, denn nur dann kann man ihnen ein Freigehege oder Terrarium bieten, welches dem Habitat nahe kommt. Eine Tunesische Landschildkröte, die sehr wärmebedürftig ist, und wie eine *Testudo graeca ibera* gehalten wird, würde draußen im Freigehege bei schlechten Witterungsverhältnissen ein qualvolles und nicht artgerechtes Leben führen, häufig krank sein und vermutlich nicht sehr alt werden.

Eine Unterscheidung von *Testudo graeca ibera* von den anderen Unterarten ist am ehesten mittels der Größe möglich. *Testudo graeca ibera* ist die größte Maurische Landschildkröte. Das größte bekannte Exemplar wurde in Bulgarien mit einer Carapaxlänge von 389 mm, bei einem Gewicht von 6 kg aufgefunden, das sich später noch auf 7 kg erhöhte (Beshkov 1997). Meist liegen adulte Exemplare zumindest deutlich über 20 cm, oft auch über 30 cm. Lediglich einige eher selten im deutschen Sprachraum vorhandene Unterarten des *ibera*-Komplexes ereichen ebenfalls noch Größen über 30 cm. Alle Unterarten des *graeca*-Komplexes bleiben unter 20 cm (Pieh 2000). Bei Schlüpflingen und Jungtieren ist eine Unterscheidung schwieriger, sollte aber bei Ansicht der Elterntiere ebenfalls möglich sein.

Leider ist es dennoch extrem schwierig, die genaue Herkunft Maurischer Landschildkröten anhand äußerer Merkmale zu bestimmen, zu variabel ist die Carapaxzeichnung. Man vergleiche nur die Schildkröten auf Abb. 2. Alle Tiere sind in der Türkei in der Nähe von Kemer in einem Hotel aufgenommen worden. Sie stammen alle aus der unmittelbaren Umgebung, ihr Aussehen variiert aber sehr. Die Landschildkröten werden dort von den Angestellten auf der Schnellstraße aufgesammelt, damit sie nicht überfahren werden, leider werden sie so aber zur Touristenattraktion.

Abgrenzung zu *Testudo hermanni*

Leider wird die Maurische Landschildkröte auch immer wieder mit der Griechischen Landschildkröte verwechselt, oder es werden einfach Tiere unterschiedlicher Arten in einer Gruppe gehalten, was im Extremfall sogar zu Kreuzungen führt, da sich Maurische Landschildkröten mit allen anderen Europäischen Landschildkröten vermehren können (vgl. Vinke & Vinke 2004a). Das widerspricht dem Ziel der Arterhaltung. Dabei gibt es doch etliche Merkmale, die es erlauben, eine Maurische von einer Griechischen Landschildkröte zu unterscheiden.

Abb. 5a & Abb. 5b
Bereits beim Schlupf ist die Plastronzeichnung sehr variabel ...

Das wohl auffälligste Merkmal einer Maurischen Landschildkröte sind die Hornkegel, auch Warzen, Sporne oder Oberschenkeltuberkel genannt, beidseitig des Schwanzes befindet sich jeweils einer auf den Oberschenkeln. Diese Hornkegel erlauben es sogar, schon bei Schlüpflingen, wenn die Herkunft zweifelhaft ist, zwischen *Testudo hermanni* und *Testudo graeca ibera* zu unterscheiden (siehe Abb. 3a & 3b). Der Schwanzschild (Supracaudalschild) ist bei der Maurischen Landschildkröte in der Regel ungeteilt, bei *Testudo hermanni hermanni* bis auf sehr wenige Launen der Natur immer geteilt. Bei *Testudo hermanni boettgeri* sind die Ausnahmen zwar häufiger, aber 90-92 % der Tiere besitzen einen geteilten Schwanzschild CHEYLAN (2001). Der Schwanz der Maurischen Landschildkröte endet im Gegensatz zur Griechischen Landschildkröte ohne Hornnagel.

Auf der Oberseite des Kopfes befindet sich bei der Maurischen Landschildkröte eine große zentrale Schuppe. Alle anderen kleineren Schuppen sind weitest gehend symmetrisch angeordnet. Die Aufteilung dieser meist auch kleineren Schuppen sieht bei der Griechischen Landschildkröte mehr „zufällig" angeordnet aus (siehe Abb. 4a & 4b). Die Maurische Landschildkröte besitzt an den vorderen Gliedmaßen etwa sechs Reihen großer Schuppen, die Griechische etwa zehn Reihen mit wesentlich kleineren Schuppen.

Bei Betrachtung des Plastrons fällt auf, dass die Zwischennaht des Pectoralschildes bei *Testudo graeca ibera* nur etwa halb so lang ist wie die Naht zwischen den Femoralschilden. Bei *Testudo hermanni* hängt das Längenverhältnis dieser beiden Nähte von der Unterart ab: Bei *Testudo hermanni boettgeri* ist die Pectoralnaht in der Regel mindestens doppelt so lang wie die Femoralnaht, bei *Testudo hermanni hermanni* ist es umkehrt (CHEYLAN 2001), also vergleichbar mit *Testudo graeca ibera*. Bei *Testudo (hermanni) hercegovinensis* ist das Verhältnis in etwa ausgeglichen (VINKE & VINKE 2004b). Die Vertebral- oder auch Centralschilde sind bei *Testudo graeca ibera* breiter als bei *Testudo hermanni boettgeri*, nur das hinterste Vertebrale, oberhalb des Supracaudalen ist bei *Testudo hermanni boettgeri* breiter. Ein weiteres Merkmal, das eindeutig eine Griechische Landschildkröte ausschließt, ist bei erwachsenen *Testudo graeca ibera* Weibchen vorhanden. Die Bauchplatte (Plastron) ist in der Naht zwischen den Abdominal- und den Femoralschilden beweglich – vermutlich um den Weibchen die Eiablage zu erleichtern, da der Freiraum für den Schwanz zwischen dem Anal- und dem Supracaudalschild, anders als bei Männchen, recht gering ist.

Die Pigmentierung des Plastrons von *Testudo graeca ibera* ist sehr variabel, und es ist meist keine Symmetrie vorhanden. Die

Abb. 6a & Abb. 6b
... was auch für erwachsene Tiere gilt

schwarzen Flecken des Bauchpanzers erscheinen eher wie ein zufälliges Muster. Manche unserer Nachzuchten haben fast gar keine Plastronzeichnung, andere wiederum sind nahezu ganz schwarz (s. Abb. 5a & 5b). Bei den erwachsenen Tieren wirkt die Zeichnung extrem ausgewaschen, oder das Plastron wird so dunkel, dass die Musterung fast nicht mehr zu erkennen ist (s. Abb. 6a & 6b). Die Wachstumsringe, die bei jungen Tieren noch deutlich zu sehen sind, verschwinden bei den adulten Tieren fast vollständig.

Haltung und Verhalten

Wir haben uns vor Jahren entschlossen, *Testudo graeca ibera* zu halten und, dank der mittlerweile geschlechtsreifen Weibchen, auch zu vermehren. Diese Unterart ist die ehemals am häufigsten importierte und die in unseren Breiten am „einfachsten" zu haltende Maurische Landschildkröte, wobei jedoch die Ansprüche der Schildkröten nicht gerade gering sind. Man kann sie bezüglich der klimatischen Ansprüche und deren technischer Umsetzung (Frühbeete, Überwinterung etc.) mit *Testudo hermanni boettgeri* gleichsetzen. Da dies hier im Buch bereits in speziellen Artikeln Thema ist, verzichte ich an dieser Stelle auf detaillierte Beschreibungen und widme mich mehr dem Verhalten und den Besonderheiten.

Wenn es um die Haltung von Landschildkröten geht, sollte man sich für die Gestaltung des Freigeheges immer am Habitat orientieren und es so naturgetreu wie nur möglich gestalten. In ihrer Heimat lebt *Testudo graeca ibera* in Buschlandschaften, lichten Wäldern und auch auf kultivierten Flächen, wo sie von den Bauern leider erbarmungslos bekämpft wird. Das Nahrungsangebot besteht im Frühjahr aus sehr grünen und blütenreichen Wiesen verschiedenster Pflanzen. Der Sommer lässt die üppige Vegetation dann schnell vertrocknen, und die Tiere müssen sich von überwiegend verdorrten Pflanzenresten ernähren. Dies sollten wir bei der Hal-

Abb. 7
Mittags dösen die Schildkröten gerne im halbschattigen Versteck

tung berücksichtigen, denn meistens sind unsere Freigehege zu sehr begrünt und auch der Sommer ist nicht so heiß und trocken wie im Habitat. Häufig wird den Schildkröten ein ewiger Frühling geboten und sie werden ständig mit zu viel saftigem Grün gefüttert. Besonders bei der Aufzucht unserer Nachzuchten kann dies zu einem viel zu schnellen und unnatürlichen Wachstum führen.

Leider sind Sonnenscheindauer und deren Intensität selbst in der milden rheinischen Ebene deutlich niedriger als in der Heimat unserer Pfleglinge. Deshalb sollte der Standort des Geheges bzw. des Frühbeetes so angelegt sein, dass maximaler Sonnenschein gewährleistet ist – also nach Süden ausgerichtet und so dass möglichst schon morgens die im Osten aufgehende Sonne aufs Gehege scheint. Je früher die Schildkröten ihre „ Betriebstemperatur" erreichen, desto besser. Früh morgens kann man oft beobachten, dass sich die Tiere an Steine oder die Gehegeumrandung anlehnen, so dass ihr Carapax senkrecht zur Sonne steht, um sich möglichst optimal aufzuwärmen.

Wenn die Schildkröten ihre Temperatur erreicht haben, gehen sie entweder direkt zur Nahrungssuche über oder aber die Männchen machen sich auf die Suche nach einem Weibchen. Letzteres ist meist im Frühling und Spätsommer der Fall. Wenn man unser einziges geschlechtsreifes Männchen zu dieser Zeit beobachtet, kann man schnell erkennen, dass es meist früher wach ist als die Weibchen, und somit der Erste beim morgendlichen Aufwärmen ist. Dementsprechend früh hat es auch seine optimale Temperatur erreicht und macht sich die Trägheit der noch nicht aufgewärmten Weibchen zunutze. Ob dies allerdings zu einer erfolgreichen Kopulation führt, ist eher fraglich.

Heiße Mittagsstunden verbringen die Tiere im Schatten unter Büschen (s. Abb. 7) oder in selbst gegrabenen Kuhlen, bis sie am Nachmittag erneut zur Nahrungsaufnahme

Abb. 8
Die Anlage für *Testudo graeca ibera* sollte großzügig, gut strukturiert und ausreichend hoch eingefasst sein

Abb. 9
Ein zugehängter Eingang schützt die Schildkröten in ihrer Hütte vor Zugluft

übergehen. Die Paarungsversuche des Männchens am Nachmittag sind intensiver als am Morgen, da die Weibchen nun aktiver sind und sich schneller zurückziehen können.

Das Männchen läuft regelrecht „schnüffelnd" durch das Gehege, hat es ein Weibchen gefunden, wird erst die Kloake berochen und dann folgen kräftige Rammstöße. Das Weibchen versucht in der Regel zu flüchten, wird vom Männchen verfolgt und in die Beine gebissen. Daraufhin zieht das Weibchen die Gliedmaßen ein, das Männchen reitet auf und gibt hohe fiepende Laute von sich. Das konkav geformte Plastron des Männchens erleichtert die Paarung. Wenn das Weibchen nicht paarungsbereit ist und weiterläuft, kann sich das Rammen, Beißen und Aufreiten einige Male wiederholen, bis das Weibchen sogar das Männchen attackiert und versucht auf den Carapax zu drehen. Durch dieses aggressive Balzverhalten können schwere Verletzungen am Panzer aber auch Bissverletzungen entstehen. Viele Halter von *Testudo graeca ibera* trennen die Geschlechter, um den Weibchen den Stress der fast ständig paarungsbereiten Männchen zu ersparen. Wir können die Gruppe ganzjährig zusammen halten, da sich durch die genügend große Anzahl Weibchen und dem sehr großen Freigehege der Stress für jedes einzelne Weibchen in Maßen hält.

Für erwachsene unter menschlicher Obhut lebende Schildkröten kann ein Gehege nicht groß genug sein. In der Freiheit legen Schildkröten große Entfernungen bei der Futter- und Partnersuche zurück, deshalb haben wir für unsere Tiere mehr als 100 m² Gehege angelegt (s. Abb. 8-10). Als Gehegeumrandung haben sich bei uns Pflanzsteine, Weinklimasteine und auch einfache Sichtschutzzäune aus Holz bewährt. Die Höhe der Umrandung sollte wenigstens 30 – besser noch 40 – cm betragen. Aufgrund der ausreichenden Größe des Geheges konnten wir bisher noch keine Ausbruchsversuche unserer Schildkröten beobachten, weder durch Überklettern, noch durch Untergraben.

Abgesehen von dem oben beschriebenen auffälligen Paarungsverhalten gibt es bei der Vermehrung unter menschlicher Obhut keine Besonderheiten. Deshalb möchte ich auch in diesem Punkt auf den entsprechenden Artikel im gleichen Buch verweisen. Auch die Aufzucht der Jungtiere gestaltet sich unproblematisch und ist durchaus mit anderen Europäischen Landschildkröten vergleichbar.

Herpes

An eine wichtige Sache möchte ich noch erinnern, eine Krankheit, die unsere gesamten Bemühungen der Arterhaltung zunichte machen kann:

Herpes ist die am meisten gefürchtete Krankheit bei Schildkröten. Sollten Sie vorhaben, fremde Tiere zu kaufen und mit schon vorhandenen Schildkröten zu vergesellschaften, muss jedes neue Tier eine langwierige Quarantäne über sich ergehen lassen. Weiterhin sollten wenigstens zwei Blutuntersuchungen Pflicht sein, eine nach dem Stress des Umzuges und eine nach der Winterruhe. Dies sollte für alle Landschildkröten

Abb. 10a
Maurische Landschildkröten klettern gerne, deshalb sollte ihnen auch Gelegenheit dazu gegeben werden

gelten, aber ganz besonders für Maurische Landschildkröten, da diese mit als Hauptträger der Herpesviren gelten und mit dieser Erkrankung als Träger und Verbreiter noch sehr lange leben können. Hat eine Maurische Landschildkröte erst einmal die Erstinfektion überlebt, kann sie – möglicherweise sogar jahrelang – als gesundes Tier erscheinen und dann plötzlich nach einer Winterruhe z. B. an einem augenscheinlich harmlosen Schnupfen erkranken. Erst der Besuch in der Praxis eines erfahrenen Reptilienarztes lässt Sie erkennen, wie gedankenlos Sie gehandelt haben, wenn Herpes diagnostiziert wird. Viele andere Landschildkröten wie beispielsweise Griechische Landschildkröten reagieren auf dieses Virus wesentlich sensibler und verenden oft schon wenige Wochen nach der Infektion. Bitte bedenken Sie das immer.

Zum guten Schluss

Wenn man sich entschließt, Europäische Landschildkröten und wie in meinem Fall Maurische Landschildkröten zu halten und zu pflegen, so wird man angenehm überrascht sein, wie interessant diese Tiere sein können. Sie sind keinesfalls langweilig, wie es oft gesagt wird. Man wird erkennen, dass jede Schildkröte einen eigenen Charakter hat und somit einzigartig ist. Gemeinsam mit meiner Frau verbringe ich viele Stunden damit, in der Nähe des Geheges zu sitzen, um unsere Tiere zu beobachten. Dabei gibt es Vieles zu bestaunen, beispielsweise wenn man sieht, wie schnell ein Männchen laufen kann, wenn es ein Weibchen entdeckt hat, oder auch zu belächeln, wenn sich unsere alte Dame mal wieder genau über den Berg Futter platziert, so dass die anderen keine

Chance haben, ans Fressen zu kommen. Aber auch das friedliche Schlafen im Schatten, die Ruhe und Zufriedenheit, die von diesen Tieren ausgestrahlt werden, und das ständige Wuseln der Nachzuchten, sind die Eigenschaften, die wir so an unseren Pfleglingen schätzen. Hinzu kommen bei diesem Hobby noch die Aufklärungsarbeit, die man gerne leistet, wenn Nachbarn oder zukünftige Schildkrötenpfleger einem unzählige Fragen über die Haltung stellen und die regelmäßigen Treffen bei Tagungen und Stammtischen, bei denen man viele Gleichgesinnte trifft und die eine oder andere Erfahrung austauscht.

Wir sind sicher, wir werden unsere Leidenschaft für diese urtümlichen faszinierenden Tiere nie verlieren.

Literatur

Andreu, A. C., M. Arakelyan, A. Bertolero, F. Bonnet, R. Bour, M. Cheylan, I. G. Danilov, C. Diaz-Paniagua, El H. El Mouden, C. Keller, F. Lagarde, O. A. Leontyeva, L. F. Mazanaeva, K. D. Milto, J. F. Perham, J. Perälä, A. Pieh, B. Shacham, T. Slimani, E. Taskavak, O. Türkozan, H. Zwartepoorte (2004): Numéro spécial *Testudo*. – Manouria 7 (22): 3-53.

Beshkov, V. A. (1997): Record-sized tortoises, *Testudo graeca ibera* and *Testudo hermanni boettgeri*, from Bulgaria. – Chelonian Conservation and Biology, Lunenburg 2 (4): 593-596.

Buskirk, J. R., C. Keller & A. C. Andreu (2001): *Testudo graeca* Linnaeus, 1758 – Maurische Landschildkröte. – S. 125-178 in: Fritz, U. (Hrsg.): Handbuch der Reptilien und Amphibien Europas. Band 3/IIIA Schildkröten (Testudines) I (Bataguridae, Testudinidae, Emydidae) – Wiebelsheim (Aula-Verlag).

Cheylan, M. (2001): *Testudo hermanni* Gmelin, 1789 – Griechische Landschildkröte. – S. 179-289 in: Fritz, U. (Hrsg.): Handbuch der Reptilien und Amphibien Europas. Band 3/IIIA Schildkröten (Testudines) I (Bataguridae, Testudinidae, Emydidae) – Wiebelsheim (Aula-Verlag).

Fritz, U., W. Bischoff, H. Martens & F. J. Schmidtler (1996): Variabilität syrischer Landschildkröten (*Testudo graeca*) sowie zur Systematik und Zoogeographie im Nahen Osten und Nordafrika. – Herpetofauna, Weinstadt 18 (104): 5-14.

Pieh, A. (2000): Arten und Unterarten der Landschildkröten des Mittelmeergebietes. – Draco, Münster 1 (2): 4-17.

Pieh, A. & J. Perälä (2004): Variabilität der Maurischen Landschildkröten (*Testudo graeca* Linnaeus, 1758 - Komplex) im zentralen und nordwestlichen Marokko mit Beschreibung zweier neuer Taxa. – Herpetozoa, Wien, 17 (1-2): 19-47.

Pritchard, P. C. H. (1979): Encyclopedia of turtles. – Neptune, NJ (T.F.H. Publications), 895 S.

Rogner, M. (1996): Schildkröten 2. – Hürtgenwald (Heidi-Rogner Verlag), 265 S.

van der Kuyl, A., D. L. Ballasina, J. T. Dekker, J. Maas, R. E. Willemsen & J. Goudsmit (2002): Mitochondrial haplotype diversity in the tortoise species *Testudo graeca* from North Africa and the Middle East. – Molecular Phylogenetics and Evolution, 22 (2). 174–183.

Vinke, T. & S. Vinke (2004a): Vermehrung von Landschildkröten. – Offenbach (Herpeton Verlag Elke Köhler) 189 S.

Vinke, T. & S. Vinke (2004b): *Testudo hercegovinensis* Werner, 1899 – die Dalmatinische Landschildkröte. – Schildkröten im Fokus, Bergheim, 1 (1): 22-34.

Wermuth, H. & R. Mertens (1961): Schildkröten Krokodile Brückenechsen. – Jena (VEB Gustav Fischer Verlag), 421 S.

Autor

Stefan Gabriel
E-Mail: stefangabriel@msn.com
www.maurische-landschildkroeten.de

THOMAS & SABINE VINKE, Filadelfia, Paraguay

Die Vermehrung Europäischer Landschildkröten – Voraussetzungen, mögliche Schwierigkeiten und Lösungen

Alle hier im Sonderband behandelten Arten werden inzwischen erfreulicherweise regelmäßig unter menschlicher Obhut vermehrt. Was aber ist eigentlich der Schlüssel zum Erfolg und warum klappt es bei manchem nicht, oder nur unregelmäßig? Diesen Fragen wollen wir im Folgenden auf den Grund gehen und einige wichtige Voraussetzungen auf dem Weg zur erfolgreichen Vermehrung klären.

Es gibt eine alte Redewendung „zwei Tiere sind ein Pärchen und drei Tiere eine Zuchtgruppe“. Dies mag an einem Verkaufstand einer der zahlreichen Börsen leicht gesagt sein, entspricht aber nicht der Realität.

Viele Europäische Landschildkröten haben große Verbreitungsgebiete und sich dort ihrer Umwelt in Gestalt und Fortpflanzungszyklus angepasst. Es ist deshalb nicht verwunderlich, wenn es mit manchen Tieren bzw. Kombinationen eben nicht klappt. Eindrucksvoll hat das EGER (2005) beschrieben. Er stellte bei seiner Gruppe Griechischer Landschildkröten Probleme bei der Vermehrung und auch der Inkubation fest. Ihm gelang es, seine Schildkröten nur anhand dieser Merkmale zwei getrennten Gruppen zuzuordnen, und das Ergebnis war eine Gruppe aus *Testudo hermanni*

Abb. 1
Von allen *Testudo*-Arten gibt es Nachweise für Mischlinge mit anderen Europäischen Landschildkröten wie hier im Bild *Testudo marginata* × *Testudo hermanni boettgeri* – das sollte bei der Haltung beachtet werden

boettgeri und eine weitere mit *Testudo hercegovinensis*. Das alles passierte jedoch schon, bevor die Wissenschaft mit der aktuellen Beschreibung von *Testudo hercegovinensis* Fakten schuf, die seine Beobachtungen bestätigten. Das sollte man immer im Hinterkopf behalten, wenn man Schildkröten mit großen Verbreitungsgebieten pflegt. Man sollte deshalb versuchen, seine Tiere nicht wahllos zusammenzukaufen, sondern von Anfang an darauf zu achten, dass sie auch zusammenpassen. Am besten klappt das, wenn man Jungtiere von einer Zuchtgruppe – aber von verschiedenen Weibchen – bei einem Züchter erwirbt. Hier hat man gleich zwei Vorteile, man kann die Quarantäne sparen und man hat Tiere, deren Eltern zusammenpassen. Und wenn man sie dann noch gemeinsam aufzieht, hat man die größten Chancen, dass sie als adulte Tiere harmonieren.

Wenn man die Schildkröten aus verschiedenen Quellen zusammenbringt, sollte man zumindest auf Ähnlichkeiten achten. Es hat wenig Sinn, besonders große *Testudo hermanni boettgeri*, wie sie beispielsweise in Bulgarien vorkommen (Männchen bis zu 31,4 cm, Weibchen bis zu 35,7 cm, Beshkov 1984), mit den kleinwüchsigen Exemplaren aus dem südlichen Griechenland halten zu wollen. Deshalb empfiehlt es sich, bei Jungtieren oder halbwüchsigen Tieren auch die Elterntiere anzuschauen.

Natürlich gibt es keine Gewähr, dass es dann auch wirklich klappt, aber man verbessert seine Chancen drastisch. Dennoch sollte man sich darüber im Klaren sein, dass man sich eventuell von Tieren trennen muss oder einen Austausch vornehmen muss, bis man seine endgültige Zuchtgruppe beieinander hat.

Haltungsbedingungen im Jahresverlauf

Genauso wichtig wie die Auswahl der Tiere sind die Haltungsbedingungen. Die Fortpflanzungsbereitschaft der Tiere wird von

Abb. 2
Balz und Paarung sollten sich im Wesentlichen auf die Paarungszeiten beschränken Foto: S. Gabriel

ihrem Gesundheitszustand und von Hormonen beeinflusst. Europäische Landschildkröten unterliegen in der Natur einem strikten Jahreszyklus mit Paarungsaktivitäten im Frühjahr und Spätsommer. Um diesen Ablauf naturgemäß beizubehalten, ist es notwendig, dass die Schildkröten unter adäquaten jahreszeitlich angepassten Bedingungen gehalten werden.

Im Frühling werden die Schildkröten durch die länger werdenden Tage sexuell aktiviert (Bidmon 2001). In ihren Ursprungsländern gibt es dann zwar auch noch Schlechtwetterperioden, aber bei weitem nicht so lang andauernd wie im nördlichen oder mittleren Europa. Deshalb sollten im Gewächshaus in dieser Zeit zusätzliche Beleuchtung und Wärmequellen das Manko ausgleichen. Das Futter sollte reichhaltig und frisch sein, es ist die Zeit, in der alles wächst und sprießt. Blüten und Samen sollten als Spender essenzieller Fettsäuren zur Verfügung stehen (Vinke & Vinke 2004a). Den Weibchen sollte für den erhöhten Kalziumbedarf zur Kalzifizierung der Eier ständig Sepiaschale im Gehege angeboten werden. Europäische Landschildkröten fressen selbsttätig davon und in der Regel nur die Menge, die sie wirklich benötigen, sodass keine Gefahr der Überdosierung besteht. Leider gilt das nicht für alle Landschildkrötenarten, insbesondere nicht für südamerikanische Arten (Bidmon 2002).

Wenn die Eiablagezeit beginnt, sollten die Männchen deutlich weniger Interesse an den Weibchen haben. Das ist auch in der

Abb. 3
Breitrandschildkröten, *Testudo marginata*: Weibchen strecken den Kopf während der Paarung weit heraus und bewegen ihn hin und her

Abb. 4
Ein Legehügel sollte in der Sonne liegen, Freiflächen aufweisen und Wärme speichernde Materialien enthalten Foto: G. Eger

Natur so – siehe Cheylan (2001) für *Testudo hermanni*, Bringsøe et al. (2001) für *Testudo marginata* und Buskirk et al (2001) für *Testudo graeca*. Eine Ausnahme stellt da *Testudo horsfieldii* dar. Steppenschildkröten zeigen unter menschlicher Obhut meistens einen ausgeprägten Sexualtrieb, der immer etwas heftiger ausfällt, als bei den anderen *Testudo*-Arten (s. auch Martin Häbich auf S: 59-68). Es bleibt ungeklärt, ob das dem natürlichen Verhalten entspricht, da dazu leider keine Untersuchungen vorliegen. Selbst in den von Kuzmin (2002) zusammengetragenen Daten findet man keine Informationen über konkrete Paarungszeiten. Ein solches Verhalten ist aber durchaus denkbar, wenn man ihren besonders kurzen natürlichen Aktivitätszeitraum berücksichtigt.

Falls die Männchen nach der eigentlichen Paarungszeit noch häufig Paarungsversuche anstellen, sollten sie in Männchengruppen von den Weibchen separiert werden, um den Letzteren Ruhe für ihre Kräfte zehrenden Eiablagen zu geben. Gleichzeitig sollte man sich überlegen, was man für das nächste Jahr noch verbessern kann, da offensichtlich der Jahresablauf noch nicht ganz perfekt ist. Möglicherweise fehlt es noch an Wärme, sodass die Männchen noch immer in Frühlingsstimmung sind. Ein guter Indikator dafür ist, ob sich die Tiere jetzt auf einen bimodalen Tagesablauf umgestellt haben, also morgens und abends und nicht mehr ganztägig aktiv sind. Auch das Futter könnte eine Rolle spielen, je mehr es zum Sommer hingeht, umso weniger frische Triebe, sondern ausgewachsene, ballaststoffreiche Pflanzen stehen den Tieren normalerweise zur Verfügung. Hier kann man ebenfalls experimentieren, um den natürlichen Jahresverlauf zu imitieren (Willig 2005).

Im Spätsommer bzw. frühen Herbst sollte eine zweite Paarungszeit liegen. Falls man die Männchen von den Weibchen getrennt hat, wird man feststellen, dass sich die Weibchen untereinander besteigen (Vinke & Vinke 2004b) und so ihre Paarungsbereitschaft anzeigen. Spätestens dann sollte man die Männchen unbedingt zu den Weibchen lassen. In dieser Phase stellen sich die Tiere auch wieder auf ganztägige Aktivität um. Das bedeutet, die kürzer werdenden Tage sollten zwar noch warm sein, aber eben nicht mehr so heiß wie im Sommer, und die Nächte werden kühler.

Die Nahrung sollte nun wieder reichhaltiger und frischer sein, da um diese Zeit auch im Mittelmeerraum Regenfälle für eine zweite Wachstumsphase der Pflanzen sorgen. Die mediterrane Natur erlebt dann den sprichwörtlichen zweiten Frühling.

Werden die Tage noch kürzer und die Nächte noch kälter, erlahmt die Aktivität und die Tiere bereiten sich auf die Winterruhe vor.

Selbstverständlich gehört auch die Durchführung der Winterstarre zum Jahres-

Abb. 5
Dalmatinischen Landschildkröte, *Testudo hercegovinensis* bei der Untersuchung des Legehügels nach einem geeigneten Platz für die bevorstehende Eiablage

verlauf. Dies ist aber Thema einer eigenen Arbeit (VINKE & VINKE S. 69-82, sodass wir die Beschreibung des Jahresszyklus hier beenden möchten.

Es braucht ein bisschen Fingerspitzengefühl zu wissen, wann man zuheizen muss und wann man der Natur ihren Lauf lassen sollte. Wenn man seine Tiere beobachtet und vor allem darauf achtet, zu welchen Tageszeiten und wie lange sie unterwegs sind, wird man schnell dahinter kommen, ob man zu viel oder zu wenig Wärme gibt. Vorbild muss die natürliche Umgebung sein. Hilfestellungen geben Klimadaten (bspw. MÜLLER 1996 oder auch diverse Seiten im Internet), aber genauso auch ausführliche Beschreibungen der natürlichen Lebensweise (BRINGSØE et al. 2001, BUSKIRK et al. 2001, CHEYLAN 2001, KUZMIN 2002). Diese Arbeiten haben darüber hinaus den Vorteil, dass sie mit einem umfassenden Literaturverzeichnis versehen sind, sodass man sich von da aus zu weiteren Aspekten vertiefende Literatur besorgen kann. Wer sich darüber hinaus über die körperlichen Vorgänge im Jahresverlauf informieren möchte, dem sei die Arbeit von BIDMON (2001) empfohlen.

Eiablage ohne Legenot

Wenn man harmonierende Europäische Landschildkröten in ausreichend großen Gehegen mit artgerechter Ernährung und bei einem wie oben beschriebenen Jahreszyklus hält, stellen sich Balz und Paarung sowie die Ausbildung und Befruchtung von Eiern von selbst ein. Dennoch können weitere Probleme auftreten, vor allem bei der Eiablage. Da Schildkröten ihre Eier nicht bebrüten, sondern auf die Sonne vertrauen, ist die Auswahl des Nistplatzes für den Fortpflanzungserfolg essenziell. Ist es zu heiß und zu trocken, würden die Eier genauso wenig ausgebrütet wie bei einem zu kalten und nassen Platz.

Die Weibchen reagieren auf den Mangel eines geeigneten Nistplatzes mit dem Zurückhalten der Eier, und das ist eine gefährliche Taktik: Je länger das dauert, umso dicker verschalt werden die Eier und damit auch immer rauer. Eine Eiablage auf natürlichem Weg wird so immer schwieriger. Es folgen lokale Entzündungen, im Extremfall eine Bauchhöhlenentzündung (EGGENSCHWILER 2000), und der Schildkröte ist dann nur noch operativ zu helfen.

Das kann man aber leicht vermeiden, wenn man den Schildkröten gute Eiablageplätze zur Verfügung stellt. Auch hier hilft der Gedanke an das natürliche Vorkommensgebiet. Die Steppenschildkröte, *Testudo horsfieldii* stammt aus einem extrem heißen Klima und so ist es verständlich, dass die pralle Sonne da eher schadet als nutzt. Sie legt deshalb gerne im Halbschatten unter höherem Gras oder an Rändern eines Busches ab, wo die Sonne nur zeitweilig den Boden erwärmt. Bei dieser Art liegt das Problem eher darin, die Eier zu finden, da in einem gut strukturierten Gehege ohnehin mehrere geeignete Plätze zur Verfügung stehen. Anders ist es bei den anderen *Testudo*-Arten. Diese bevorzugen meist sonnige, höher gelegene Plätze und deshalb sollte man einen Legehügel anlegen. Dieser sollte an einer sonnenexponierten Stelle liegen und eine Ausdehnung besit-

Abb. 6
Steppenschildkröten legen ihre Eier meist im Halbschatten ab – eine Anpassung an die Herkunft aus einem extrem heißen Habitat

zen, die der Form einer Banane ähnelt. Die äußere, längere Biegung sollte nach Süden ausgerichtet sein, sodass die Tiere zwischen südöstlicher, östlicher und südwestlicher Ausrichtung wählen können. Der Ablagehügel braucht nicht höher als 50 cm zu sein und die Länge sollte etwa 1,50 bis 2 Meter betragen. Sehr wichtig ist es, den Eiablagehügel gut zu strukturieren. Er sollte mit niedrig wachsenden Sträuchern bepflanzt werden, sodass kleine windgeschützte, sonnige Parzellen auf dem Legehügel entstehen. Die Flächen, welche die Schildkröten zum Nisten benutzen, sollten von Pflanzen frei gehalten werden. Diese kahlen Stellen sollten aber nicht größer als 30×30 cm sein. Der Boden der Niststellen sollte nicht zu locker sein, da sonst die Eigrube immer wieder zusammenfällt und dann von der Schildkröte verlassen wird.

Leider genügen die konkreten Wetterbedingungen in Nord- und Mitteleuropa häufig nicht, vor allem bei den Erstgelegen im Frühling. Deshalb sollte man zusätzlich für eine Erwärmung der Erde sorgen. Dazu eignen sich besonders hitzespeichernde Steine, aber auch eingegrabene beheizte Wasserkanister wie es Hans-Jürgen Bidmon anschaulich beschreibt (s. S. 39-48). Leider kann das Wetter – vor allem beim ersten Gelege – im zeitigen Frühjahr aber selbst dafür noch zu schlecht sein, sodass es sich auf jeden Fall empfiehlt, auch im Gewächshaus oder Frühbeet, einen geeigneten Eiablageplatz zur Verfügung zu stellen. Dies ist meist mit wenig Aufwand zu regeln, da ja ohnehin Heizung und Beleuchtung vorhanden sind.

Wenn diese Voraussetzungen erfüllt sind, braucht man sich nur wenig Sorgen um

Abb. 7
Für kühlere Tage sollte unbedingt ein Eiablageplatz im Gewächshaus zur Verfügung stehen

Legenot zu machen, da eine nicht-umweltbedingte Legenot nur selten auftritt. Nur in wenigen Fällen kommt es zu missgestalteten Eiern, die aufgrund ihrer Größe oder Form nicht auf natürlichem Weg abgelegt werden können. Hier genügt es, die Tiere gründlich zu beobachten und nur eine Röntgenaufnahme erstellen zu lassen, wenn einem Trächtigkeitsverhalten (Unruhe, Probegrabungen etc.) keine Eiablage folgt. Die Interpretation dieser Aufnahme ist nicht einfach. Tierärzten, die wenig oder keine Erfahrung mit Schildkröten haben, erscheinen selbst normale Eier in Relation zum Tier häufig zu groß. Deshalb sollte auch in diesem Fall grundsätzlich nur eine Praxis aufgesucht werden, die auf die Behandlung von Schildkröten spezialisiert ist.

Inkubation

Bis auf seltene Ausnahmen in besonders guten Sommern oder geschützter, frühzeitiger Ablage im Frühbeet genügen die Temperaturen im deutschsprachigen Raum nicht, um die Eier sich selbst zu überlassen. Deshalb muss man sie nach der Ablage vorsichtig aus der Eigrube entnehmen. Wie alle Reptilieneier dürfen Schildkröteneier nicht gedreht werden, man nimmt sich also am besten bereits eine kleine Schale mit Brutsubstrat mit an die Eiablagestelle und legt sie so hinein, wie man sie im Nest findet. Von da aus kann man die Schale dann gleich in den Inkubator überführen.

Das eigentliche Ausbrüten der Eier unter künstlichen Bedingungen ist bei allen hier beschriebenen Arten kein Problem. Sie stellen keine besonderen Ansprüche. Alle überhaupt geeigneten Brutsubstrate (Vermiculite, Perlite, Sand, Gartenerde, Vogelsand, Torf oder Gemische daraus sowie Schaumgummi) haben wiederholt bei verschiedenen Züchtern zum Erfolg geführt (vgl. detaillierte Angaben bei VINKE & VINKE 2004b). Auch die verwendeten Inkubatoren sind vielfältig. Die Palette reicht da von selbstgebauten Aquarien- oder Styroporbrütern über spezielle käufliche Reptilien-Kunstglucken (Bruja, Grummbach, Jäger) bis hin zu professionellen Labor-Inkubatoren (Haereus, Memmert). Welche Technik und welches Substrat Verwendung finden, hängt deshalb eher von der Menge der zu bebrütenden Eier, von der Verfügbarkeit des Substrats oder der persönlichen Vorliebe und Erfahrung ab, als dass es wirklich etwas am Bruterfolg ändert. Aus dem Grund möchten wir hier nur kurz zwei einfach herzustellende Selbstbauten beschreiben, da dies für Einsteiger der kostengünstigste Weg zum eigenen Brüter ist.

Die erste Möglichkeit ist eine für Landschildkröten erweiterte Version des Aquarienbrüters nach BUDDE (1980). Hierbei dient ein oben offenes Aquarium als Inkubator. Dieses wird bis zu ¾ der Höhe eines Ziegelsteins mit Wasser gefüllt und mithilfe eines Aquarienstabs beiheizt. Auf den Ziegelstein stellt man einen Brutbehälter, beispielsweise eine offene Einfrierdose, die mit dem Brutsubstrat gefüllt ist und die Eier enthält. Abgedeckt wird das Aquarium mit einem Frotteehandtuch. Der Wasserstand muss regelmäßig kontrolliert werden, da durch das Handtuch Wasser verdunstet. Eine andere Möglichkeit ist der von BIDMON (2006b) entwickelte Styroporbrüter. In einer Styroporbox wird ein mit Wasser befüllter und mittels Aquarienheizstab erwärmter Kanister zentral eingebracht. Bis zur Hälfte wird die Box mit gröberem Vermiculite angefüllt, drüber folgen eine durchlöcherte Aluminiumfolie und eine Schicht Estrichtkies (Körnung 0-2 mm), in den die oben offenen und perforierten Inkubationsschalen mit den Eiern eingesenkt werden. Darüber hinaus enthält die Box mit Naturschwamm gefüllte Lüftungslöcher und einen von außen befüllbaren Schlauch zum Nachfeuchten des Substrats.

Für welchen Brüter und welches Substrat man sich nun entscheidet, man sollte auf jeden Fall einen Testlauf durchführen und sich so schon rechtzeitig auf die Eiablage vorbereiten. Insbesondere die Einstellung der Luftfeuchtigkeit kann dabei problematisch werden. Für die Inkubation der Eier aller Europäischen Landschildkröten ist eine Luftfeuchtigkeit von etwa 65-80 % zielführend, wobei wir persönlich eher einen etwas niedrigeren Wert bevorzugen. Das verwendete Substrat darf nicht nass sein, sondern bestenfalls leicht feucht. In vielen Inkubatortypen helfen eingebrachte Wasserreservoirs die Luftfeuchte zu erhöhen. Hier muss einfach ein wenig experimentiert werden, bis man den gewünschten Wert erreicht. Ein solcher längerfristiger Probelauf hat auch den Vorteil, dass man zur Eiablage bereits ein fertiges Schälchen mit vorgewärmtem Substrat zur Verfügung hat.

In den bisherigen Ausführungen fehlt noch eine entscheidende Komponente: die Bruttemperatur. Auch wenn man inzwischen weiß, dass bei allen *Testudo*-Arten das Geschlecht nicht genetisch festgelegt wird, sondern sich während der Inkubation anhand der Brutbedingungen entwickelt, sind die konkreten Temperaturbereiche, die zum einen oder anderen Geschlecht führen, noch weit gehend unklar. Es ist nicht damit zu rechnen, dass sich das in absehbarer Zeit nachvollziehbar klären lässt, da zumindest bei Schildkrötenarten mit größerem Verbreitungsgebiet nachweisbare Unterschiede bestehen, was mit Sicherheit auch bei Europäischen Landschildkröten zu berücksichtigen ist.

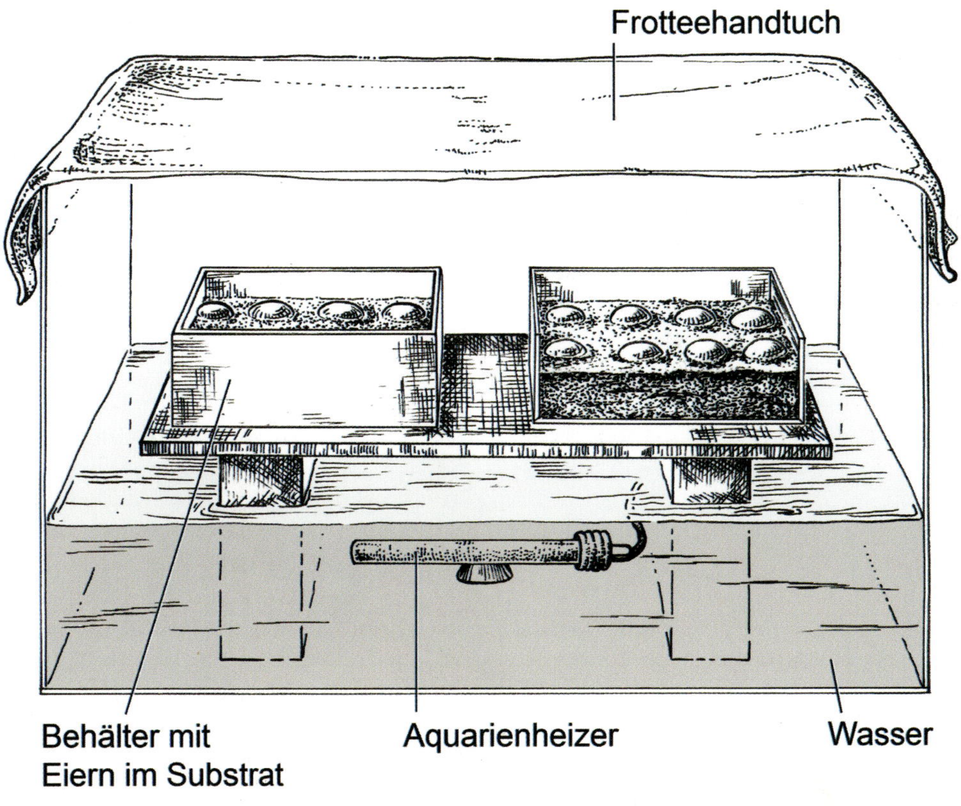

Abb. 8
Schemazeichnung eines vor Tropfwasser geschützten Aquarienbrüters Zeichnung: C. Opfermann Rüngeler

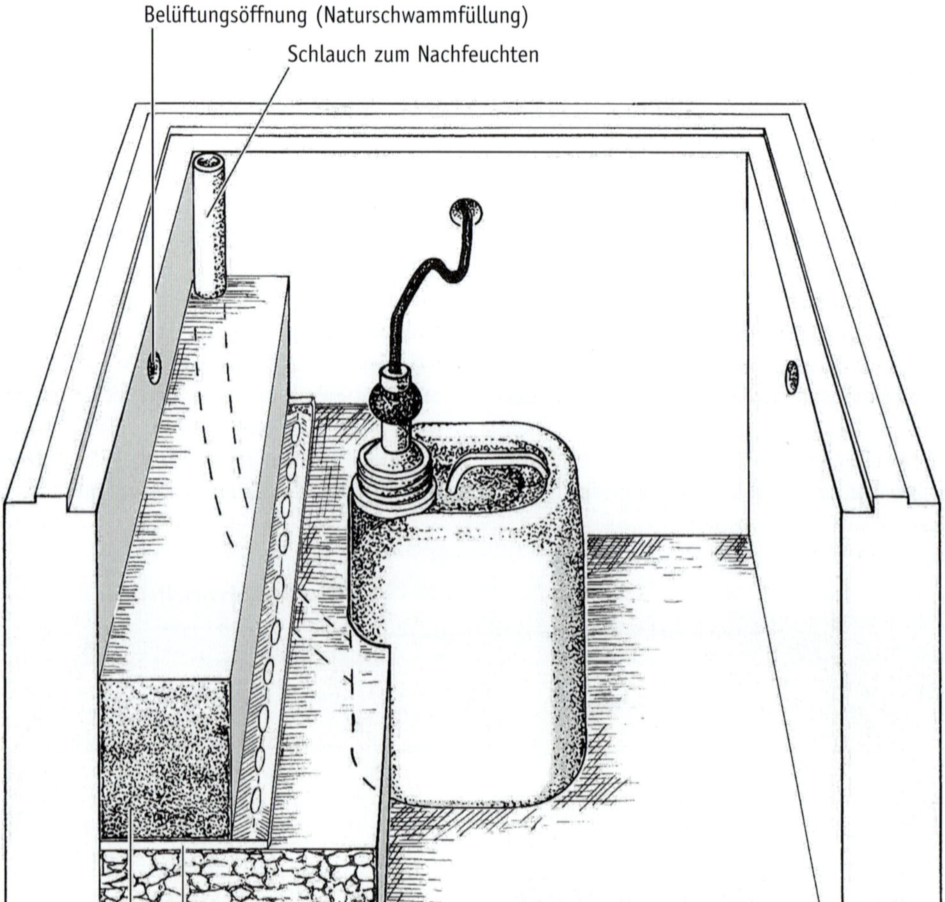

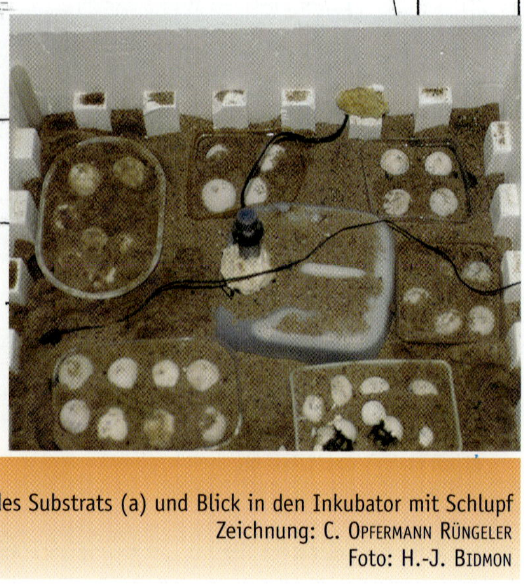

Abb. 9a & Abb. 9b
Skizzierung des Styroporbrüters mit Schichtung des Substrats (a) und Blick in den Inkubator mit Schlupf zweier Breitrandschildkröten (b)
Zeichnung: C. Opfermann Rüngeler
Foto: H.-J. Bidmon

Es sollte deshalb jeder Halter versuchen, sich langsam an die obere Grenze der Bruttemperatur heranzutasten, bei der möglichst viele Weibchen entstehen, aber noch keine Schildanomalien auftreten.

Im Einzelnen haben sich folgende Temperaturen bisher bewährt:

Testudo graeca ibera	32 °C
Testudo hermanni boettgeri	31-33 °C
Testudo hermanni hermanni	32-33 °C
Testudo hercegovinensis	30,5-31,5 °C
Testudo marginata	32-33 °C
Testudo horsfieldii	32-33 °C

Bei diesen Temperaturen schlüpfen die Jungtiere bei allen hier aufgeführten Arten nach etwa 55-70 Tagen (VINKE & VINKE 2004b, GERHARD EGER S. 27-38, STEFAN GABRIEL pers. Mittlg.). Auffällig ist die niedrige Inkubationstemperatur von *Testudo hercegovinensis*. Hier handelt es sich offensichtlich um eine Anpassung an das relativ nördliche Verbreitungsgebiet. Temperaturen ab 32 °C führen zu schweren Schildanomalien oder Missbildungen, welche die Schlüpflinge erheblich beeinträchtigen (Blindheit, Verformungen des Mauls etc). Im Gegensatz zu den anderen Arten ergab die Temperatur von 31,5 °C – sofern bekannt – bei den bei uns geschlüpften Jungtieren bis auf zwei Tiere ausschließlich Weibchen. Männchen haben wir bei Bedarf gezielt bei 28 °C gebrütet. Es ist nicht auszuschließen, dass es noch weitere Teilpopulationen oder Unterarten der oben genannten Europäischen Landschildkröten gibt, auf die Ähnliches zutrifft.

Abb. 10
Europäische Landschildkröten eines Geleges schlüpfen oft gleichzeitig

Offene Fragen und Diskussionen

Neben der noch immer nicht geklärten Frage der idealen Bruttemperaturen gibt es noch weitere offene Fragen und Diskussionsansätze.

Ein solcher Streitpunkt ist das Durchleuchten der Eier. Natürlich ist es interessant, die Eier während der Entwicklung zu beobachten. Es ist aber nicht auszuschließen, dass Schädigungen der Embryonen auftreten (vgl. die Literaturrecherche bei Vinke & Vinke 2004b), deshalb würden wir davon abraten. Das Gleiche gilt für alle damit verbundenen Manipulationen. Im Gegensatz zu Eiern mancher Tropischer Landschildkröten, die bis zu einem Jahr im Inkubator liegen können, haben Europäische Landschildkröten eine relativ konstante Brutzeit. Die Eier verderben bei korrekter Inkubation in dieser kurzen Zeit nur in Ausnahmefällen. Wenn man je Brutschale nur ein Gelege brütet, ist es unwahrscheinlich, dass ein Ei fault und platzt und damit andere Eier gefährdet. Wenn man die Eier kontrollieren möchte, genügt deshalb ein oberflächlicher Blick auf die Eier im Brutschrank, keinesfalls sollte man sie unnötig hochheben und größeren Temperaturschwankungen aussetzen. Es spricht dementsprechend nichts dagegen, die Eier vollständig zu vergraben, wie es in der Natur der Fall ist, auch wenn der Bruterfolg mit halbeingegrabenen Eiern ebenfalls gegeben ist. In dem Fall sollte man aber trotzdem einen Sicherheitsabstand zwischen den Eiern lassen, damit ein eventuell doch einmal faul gewordenes Ei keinen Schaden im restlichen Gelege anrichten kann.

Oft sehr emotional geführt wird die Diskussion, ob man Eier abwaschen darf, bevor man sie in den Inkubator überführt. Im Gegensatz zu Hühnereiern befindet sich bei Reptilieneiern die antibiotisch wirkende Schutzschicht im Innern des Eies und wird durch Abwaschen nicht verletzt, sodass eine vorsichtige Reinigung zu keinen Problemen führt. Dennoch ist auch diese Frage für Eier von Europäischen Landschildkröten zweitrangig, da der Vorteil dieser Behandlung ebenfalls ausschließlich in der Erleichterung der Kontrolle der Eier liegt. Schließlich ist es bei schmutzigen Eiern sehr schlecht festzustellen, ob sie sich dunkel verfärben, was auf einen Fäulnisprozess hinweist. Wenn man sich aber so gut nach der Inkubationszeit richten kann wie bei Europäischen Landschildkröten, bringt es jedoch keinen nennenswerten Vorteil, auch wenn wir das über die Jahre ohne Unterscheidung der Art bei allen Landschildkrötengelegen so gemacht haben und deshalb einen Nachteil ebenfalls ausschließen können.

Wesentlich interessanter sind die offenen Fragen zu schwankenden Bruttemperaturen. Es ist für viele Schildkrötenarten nachgewiesen, dass die Bruttemperaturen und insbesondere Schwankungen derselben die Fitness der Schlüpflinge beeinflussen. Leider gibt es aber kein eindeutiges Bild – manchmal führen auch konstante Bruttemperaturen zu kräftigeren Jungtieren – und vor allem beziehen sich die Versuche meist auf Wasserschildkröten (mehr dazu in Vinke & Vinke 2000b).

Erfahrungen mit einer naturnahen Inkubation bei Europäischen Landschildkröten sind immer noch die Ausnahme. Backes (2006) beschreibt ein interessantes Experiment einer kontrollierten Inkubation von *Testudo hermanni boettgeri* mithilfe einer Styroporbox im Gewächshaus unter stark fluktuierenden Temperaturen (13-45 °C). Die Schlüpflinge zeigten wie häufig bei durchschnittlich kühlerer Inkubation einen dunkleren Phänotyp (vgl. auch Wagner 2006) und waren laut Angaben der Autorin besonders agil. Leider ist zurzeit noch unbekannt, welchen Geschlechts die Jungtiere sind. Aus bisherigen Erfahrungen ist auf jeden Fall festzuhalten, dass bei schwankenden Inkubationsbedingungen auch entsprechend hohe Tageshöchsttemperaturen vonnöten sind, um nicht ausschließlich Männchen zu brüten. Hier wird es in Zukunft noch viele Erfahrungen benötigen, bis man zu konkreten Ergebnissen kommt.

Literatur

BACKES, D. (2006): Naturnahes Brüten - ein gelungenes Experiment. - Schildkröten im Fokus, Bergheim 3 (2): 19-24.

BESHKOV, V. A. (1984): On the distribution, relative abundance and protection of tortoises in Bulgaria. - Ekologiya 14: 14-34 zitiert nach der Übersetzung von 1995 aus Chelonian Conservation and Biology, Lunenberg 1 (1): 53-62.

BIDMON, H.-J. (2001): Regulation der Ruhephasen bei Schildkröten: Was ist bekannt und welche Konsequenzen ergeben sich für die erfolgreiche Haltung? - Radiata, Haan 10 (4): 3-19.

BIDMON, H.-J. (2002): Buchbesprechung: CAROLIN DENNERT: Ernährung von Landschildkröten. - Elaphe, Rheinbach 10 (3): 8-10.

BIDMON, H.-J. (2006a): Aquarienheizer, Waserkanister und Basaltsäulen zur Temperierung von Frühbeeten und Legehügeln während der Freilandhaltung von Schildkröten: Langjährig erprobte, praktikable Alternativen. - S. 39-48 in: DAUBNER, M. & T. VINKE (Hrsg.): *Testudo* - häufig gehaltene Arten - Schildkröten im Fokus Sonderband. - Bergheim (dauvi-Verlag).

BIDMON, H.-J. (2006b): Eine kostengünstige

Abb. 11
Für eine artgerechten Haltung und eine durchdachte Inkubation wird man mit so einem kleinen Kerl belohnt!

Methode zur Inkubation von Landschildkrötengelegen. – Schildkröten im Fokus, Bergheim 3 (1): 25-31.

BRINGSØE, H., J. R. BUSKIRK & R. E. WILLEMSEN (2001): *Testudo marginata* SCHOEPFF, 1792 – Breitrandschildkröte. – S. 291-334 in: FRITZ, U. (Hrsg.): Handbuch der Reptilien und Amphibien Europas. Band 3/IIIA Schildkröten (Testudines) I (Bataguridae, Testudinidae, Emydidae). – Wiebelsheim (Aula-Verlag).

BUDDE, H. (1980): Verbesserter Brutbehälter zur Zeitigung von Schildkröten-Gelegen. – Salamandra, Frankfurt/Main 16 (3): 177-180.

BUSKIRK, J. R., C. KELLER & A. C. ANDREU (2001): *Testudo graeca* LINNAEUS, 1758 – Maurische Landschildkröte. – S. 125-178 in: FRITZ, U. (Hrsg.): Handbuch der Reptilien und Amphibien Europas. Band 3/IIIA Schildkröten (Testudines) I (Bataguridae, Testudinidae, Emydidae). – Wiebelsheim (Aula-Verlag).

CHEYLAN, M. (2001): *Testudo hermanni* GMELIN, 1789 – Griechische Landschildkröte. – S. 179-289 in: FRITZ, U. (Hrsg.): Handbuch der Reptilien und Amphibien Europas. Band 3/IIIA Schildkröten (Testudines) I (Bataguridae, Testudinidae, Emydidae). – Wiebelsheim (Aula-Verlag).

EGER, G. (2005): Gemeinsame Haltung von *Testudo hermanni boettgeri* und *Testudo (hermanni) hercegovinensis* – Erfahrungen eines Züchters über einen längeren Zeitraum und Auswertung der Nachzuchtdaten. – Schildkröten im Fokus, Bergheim 2 (2): 25-30.

EGER, G. (2006): Unterschiede in der Haltung der verschiedenen Griechischen Landschildkröten, *Testudo hermanni hermanni, T. h. boettgeri* und *T. h. hercegovinensis* anhand von jahrelangen Beobachtungen. – S. 27-38 in: DAUBNER, M. & T. VINKE (Hrsg.): *Testudo* – häufig gehaltene Arten – Schildkröten im Fokus Sonderband. – Bergheim (dauvi-Verlag).

EGGENSCHWILER, U. (2000): Die Schildkröte in der tierärztlichen Praxis. – Siblingen (Schöneck Verlag), 150 S.

HÄBICH, M. (2006): Die Haltung der Steppenschildkröte, *Testudo horsfieldii* – mit den richtigen Parametern nicht so kompliziert, wie mancher denkt! – S. 59-68 in: DAUBNER, M. & T. VINKE (Hrsg.): *Testudo* – häufig gehaltene Arten – Schildkröten im Fokus Sonderband. – Bergheim (dauvi-Verlag).

KUZMIN, S. L. (2002): The turtles of Russia and other Ex-Soviet republics. – Frankfurt/M. (Edition Chimaira), 159 S.

MÜLLER, M. (1996): Handbuch ausgewählter Klimastationen der Erde. – Trier, Forschungsstelle Bodenerosion der Universität Trier Mertesdorf (Ruwertal) 5, 400 S.

VINKE, T. & S. VINKE (2004a): Die Rolle ungesättigter Fettsäuren in der Landschildkrötenernährung – eine Annäherung an einen vernachlässigten Aspekt. – Schildkröten im Fokus, Bergheim 1 (2): 11-15.

VINKE, T. & S. VINKE (2004b): Vermehrung von Landschildkröten. – Offenbach (Herpeton Verlag Elke Köhler), 189 S.

VINKE, T. & S. VINKE (2006): Nach der Winterstarre ist vor der Winterstarre! – S. 69-82 in: DAUBNER, M. & T. VINKE (Hrsg.): *Testudo* – häufig gehaltene Arten – Schildkröten im Fokus Sonderband. – Bergheim (dauvi-Verlag).

WAGNER, G. (2006): Wie entsteht die Pigmentierung bei Europäischen Landschildkröten? – Schildkröten im Fokus, Bergheim 3 (2): 25-33.

WILLIG, S. (2005): Grundlegendes über Futterpflanzen für Landschildkröten. – Schildkröten im Fokus, Bergheim 2 (3): 25-34.

Autoren

Thomas & Sabine Vinke
Filadelfia 853
9300 Fernheim
Paraguay
E-Mail: S-T-Vinke@gmx.de

HANS-JÜRGEN BIDMON, Düsseldorf

Die Aufzucht und Ernährung Europäischer Landschildkröten – Grundlagen und Rezepte, Futtermittel und Zusatzstoffe

Europäische Landschildkröten, von denen ich in meiner aktiven Zeit als Züchter bislang *Testudo hermanni boettgeri* (östliche Griechische Landschildkröte), *T. marginata* (Breitrandschildkröte) und bis 1987 auch *T. horsfieldii* (Vierzehen- oder Steppenschildkröte) nachgezogen habe, machen nach dem Schlupf während der Freilandsaison wenig Probleme. Die ersten Schlüpflinge verlassen meist bereits Ende Juni bis Mitte Juli die Eier (Abb. 1a-b). Zu dieser Jahreszeit empfiehlt es sich, die Kleinen nach draußen in ein eigens für sie gestaltetes Frühbeet zu verbringen, sobald der Dottersack eingezogen bzw. der Nabel verschlossen ist und sie sich bei einem ausgiebigen Bad satt trinken konnten.

Falls einem das noch zu unsicher erscheint oder kein eigenes Frühbeet zur Verfügung steht, weil dieses beispielsweise mit den Geschwistern des Vorjahres belegt ist, kann man die Winzlinge auch abtrennen, indem man einfach eine zusätzliche Kiste oder Kunststoffwanne in ein Aufzuchtfrühbeet einstellt. Wenn ich so eine Zusatzwanne benötige, fülle ich sie mit einer etwa 4-5 cm hohen Schicht aus mit Gartenerde gemischtem Estrichkies. Darüber decke ich ausgestochene Rasenteppiche. Einige Löcher werden auf Höhe der Kiesschicht in die Wand gebohrt, damit das Wasser nach einem eventuellen starken Regenguss aus der Kiste ablaufen kann. Letzteres ist eine Sicherheitsmaßnahme, denn es kann vorkommen, dass die Frühbeetdeckel noch bei Regen offen stehen, oder die Kiste im Frühbeet so ungünstig steht, dass Wasser zwischen den Frühbeetdeckeln in die eingestellte Aufzuchtwanne tropft.

Auf den Rasenteppich kann man ein paar flach gewölbte Korkrindenstücke, halbierte Kokosnussschalen oder Unterschlupfboxen als Versteckmöglichkeiten einstellen (Abb. 2).

Abb. 1a-b
Testudo h. boettgeri beim Schlupf. Hallo jetzt komme ich, und meine Geschwister haben's auch bald geschafft.

Man wird sehr schnell merken, dass die meisten Schlüpflinge jedoch einfach direkt unter dem Rasenteppich verschwinden. Dieser sollte nicht nass sein, aber er muss feucht gehalten werden. Da im Frühbeet bei entsprechendem Temperaturanstieg die warme feuchte Luft bei geöffnetem Deckel sehr schnell entweicht und sich die Feuchtigkeit nachts meist an den kältesten Außenscheiben des Frühbeets niederschlägt, kann es je nach Witterung notwendig werden, den Rasenteppich abends und morgens oberflächlich gut mit Wasser zu übersprühen (s. Bidmon & Jennemann 2006).

Zusammensetzung des Futterangebots im Freiland

Gefüttert wird morgens und abends, denn wie jeder selbst sehr schnell feststellen wird, sind frisch geschlüpfte Jungtiere nur dann und nur für sehr kurze Zeit an der Oberfläche, um zu fressen (s. Weser 1988). Lediglich an trüben Tagen sind sie bei geschlossenem Frühbeet etwas länger aktiv. Sie erhalten Wiesengrün, wobei Kräuter wie Löwenzahn, Spitz- und Breitwegerich sowie verschiedene Klee- und Latticharten und deren Blüten zum bevorzugten Futter gehören (Abb. 3a-d; Schneider 2005, Willig 2005). Hier sollte man bewusst von vornherein an Abwechslung nicht sparen, um von Beginn an zu vermeiden, dass sich die Tiere zu Futterspezialisten entwickeln, die später nur auf eine bis wenige Pflanzenarten geprägt sind. Eine solche Prägung scheint bei den meisten Schildkrötenarten zu Beginn über einen visuellen Eindruck zu verlaufen, wobei die Tiere erst einmal alles probieren, was sie sehen. Über den Geruch prägen sie sich dann auf das, was sie mögen oder fressen können (Constantino & Salmon 2003), was nach meiner Beobachtung durchaus auch auf Landschildkrötenschlüpflinge zutrifft.

Als weiteres sehr gutes Futter haben sich Blüten, junge Schoten und Blätter von Doppelnull-Winterraps erwiesen. Doppelnull-Winterraps ist frei von Erucasäure und den Jodmangel verursachenden Senfölglykosiden. Im Gegenzug enthält Winterraps aber sehr viel Protein und ungesättigte Fettsäuren (Margarineherstellung) – auch in den Blättern, die mit für seine Winterhärte verantwortlich sind (Abb. 4a-b). Diese Fettsäuren sind für wachsende Schildkröten zum Aufbau von Zellwänden und den Prostaglandinstoffwechsel (Vinke & Vinke 2004a) notwendig, und sie sind darüber hinaus hervorragende Vorstufen für die Darmbakterien zur Bereitstellung der für die Schildkröten essentiellen kurzkettigen Fettsäuren (Bouchard & Bjorndal 2005, 2006). Auch heute noch liest man zwar, dass Rapsöl den Herzmuskel schwächt und das Leben von

Ratten und Schweinen verkürzt, aber diese Studien beziehen sich fast ausschließlich auf die alten Rapssorten und auf das Öl der reifen Samen, das in seiner Reinform und bei hoher Konzentration getestet wurde. Dass Raps für Hasen und Kaninchen schädlich sei, ist ein Gerücht, lediglich bei Wiederkäuern wie Rindern besteht der Verdacht, dass zu viel Raps Anämie verursachen könne, wobei es sich meist um die hoch konzentrierten Presslinge als Rückstände aus der Ölgewinnung handelt. Solche Konzentrationen finden sich aber in den grünen Teilen noch wachsender Pflanzen bei weitem nicht. Lediglich von gespritzten Feldern sollten die Blätter nicht stammen, aber man kann den Raps sehr leicht sowohl im Gehege wie auch im Garten selbst aussäen.

Die jungen Schildkröten finden und fressen alle möglichen Kleintiere wie Würmer und Schnecken (Abb. 5a-b), die in den Rasenteppichen enthalten sind, und auch das gereichte Wiesengrün wird nicht gewaschen, so dass anhaftende Schnecken und Zikadeneier (sehen oft wie angehefteter Speichel aus) oder Blattläuse gleich mitgefressen werden können (s. Weser 1988). In der Natur reinigt niemand die Pflanzen, und wer einmal im Sommer am Mittelmeer gesehen hat, wie viele kleine und größere Gehäuseschnecken an Pflanzenstängeln festgeklebt ihre Sommerruhe überdauern, kann sich leicht vorstellen, dass dort keine junge Landschildkröte befürchten muss, an Protein-, bzw. Kalziummangel zu leiden. Dass diese Schnecken von Landschildkröten gefressen werden, wird schon bei Frye (1991) beschrieben, der dabei sogar ausdrücklich auf die Vorliebe für die Schneckenspezies *Helix aspersa* verweist. Da zumindest die Anzahl an Gehäuseschnecken hierzulande nicht so hoch ist, gibt es natürlich auch noch regelmäßig ein paar Stücke Sepiaschulp und weichen abgekochten Rindergelenkknochen (Suppenknochen), meist bei älteren Schildkröten zur freien Aufnahme (Abb. 6a-b).

Ebenso werden Brom- und Himbeeren gern gefressen und auch gelegentlich angeboten. Gleiches gilt für andere Beerenfrüchte (vgl. Schneider 2005, Birkhead et al. 2005).

Ernährungsphysiologische Grundlagen und Fragen

Zur artgerechten Fütterung von Europäischen Landschildkröten wurde schon viel geschrieben, und es wurde sehr kontrovers darüber diskutiert. Keines der neueren Bücher zur Haltung von Landschildkröten (z. B. Rogner 2005) verzichtet mittlerweile auf ein entsprechendes Kapitel, was gut ist und sehr dazu beiträgt, den alten Aberglauben auszuräumen, man könne die Tiere mit in Milch ein-

Abb. 2a-c
Frische Schlüpflinge von *T. h. boettgeri* (a) und *T. marginata* (b) verbringen die ersten Tage noch getrennt, bevor sie in den großen Aufzuchtschalen (c) im Frühbeet gemeinsam den ersten Sommer verbringen. Wie man sieht, musste im trockenen Sommer 2003 schon recht früh mit etwas saftigerem Romanasalat zugefüttert werden.

geweichtem Weißbrot und Kopfsalat ausreichend versorgen. Dennoch gibt es kaum ernährungsphysiologische Untersuchungen. Obwohl dies schon Oftendal & Allen (1996), Zentek & Dennert (1997) und Schilliger (2000) nach der Zusammenfassung der spärlichen Daten gefordert haben, kommt es nur ansatzweise dazu, dass wirklich brauchbare Studien durchgeführt werden, die über die auch äußerst wichtigen Beobachtungen aus freier Wildbahn (Balsamo et al. 2004, Mushinsky et al. 2003, Lagarde et al. 2003, El Mouden et al. 2006) hinausgehen. Das ist lediglich bei (Liesegang et al. 2001, Wiesner & Iben 2003, Furrer et al. 2004, Hatt et al. 2005) der Fall.

Landschildkröten sind Pflanzenfresser, die – wie für *T. g. graeca* gezeigt – nach proteinreichen Pflanzen (Leguminosen; Fabaceae) selektieren (El Mouden et al. 2006) und – sofern vorhanden – Fruchtfresser (Birkhead et al. 2005), die je nach Spezies und Alter auch gelegentlicher tierischer Kost in Form von Aas, Kot oder kleineren Tieren wie Schnecken, Asseln, Würmern und Insekten (z. B. Blattläusen) nicht abgeneigt sind (Weser 1988, Frye 1991).

Grundsätzlich kann man davon ausgehen, dass bei zu niedriger Haltungstemperatur proteinreiche Nahrung besser verwertet werden kann als proteinarme ballaststoffreiche Nahrung. Dennoch sind zumindest Griechische und Maurische Landschildkröten keine Fleischfresser, was schon daran zu sehen ist, dass ihr Magendarmsystem dem eines Pflanzenfressers entspricht und in ihrem Magen keine tierischen Eiweiße aufspaltende Salzsäure gebildet wird (Jennemann & Bidmon noch unpubliziert).

Trotzdem scheint eine gewisse Menge an tierischem Eiweiß in Form von Insekten, Würmern und Schnecken, insbesondere für Schlüpflinge, zur normalen Nahrung zu gehören, wie Weser (1988) schon richtig beschrieb. Letzteres wurde zwar für Landschildkröten nie richtig untersucht, jedoch bei einigen Wasserschildkröten. Beispielsweise weiß man von der Schmuckschildkröte *Trachemys scripta* sicher, dass die Jungtiere fast nur tierische Kost nehmen und als adulte fast reine Pflanzenfresser sind. Allerdings haben Untersuchungen gezeigt, dass man die Jungtiere über längere Zeiträume rein pflanzlich ernähren könnte, wobei sie dieses auch verdauen, jedoch schlechter verwerten und langsamer wachsen (Bouchard & Bjorndal 2005, 2006). Gleiches gilt für andere Spezies (Sa et al. 2004). Allerdings bleibt die Frage, warum bevorzugen sie dann bei freier Wahl tierische Kost wie Bachflohkrebse und ähnliches Getier, wo doch Pflanzen und Wasserlinsen viel einfacher und ohne Suche und Jagd zu haben wären? Die Antwort lautetet: Weil sie mit tierischer Kost schneller wachsen können, und das ist sowohl für Schlüpflinge von Wasser- als auch Landschildkröten mit einem entscheidenden Überlebensvorteil sowohl unter menschlicher Obhut als auch in freier Wildbahn verbunden (McRobert 1999, O'Brien et al. 2005, Bouchard & Bjorndal 2006).

Zudem wissen wir aus etlichen Untersuchungen, dass manche niedere Wirbeltiere bestimmte Verdauungsenzyme nicht selbst herstellen, sondern diese von mitgefressenen Beutetieren nutzen, um ihr Hauptfutter besser verdauen zu können. Es ist durchaus denkbar, dass so etwas auch bei der einen oder anderen Schildkrötenspezies eine Rolle spielen mag (Bjorndal 1991). Ebenso ist für die omnivore Gelenkschildkröte (*Kinixys* sp.) bekannt, dass sie bevorzugt das für sie energiereichste Futter selektiert und es nur durch weniger energiereiches ergänzt, wenn Letzteres bestimmte Bestandteile wie Mineralien enthält, die dem Vorzugsfutter fehlen (Hailey et al. 2001).

Es gibt aber bislang keine Langzeitstudien, die belegen würden, ob rein pflanzlich aufgezogene Jungschildkröten später körperliche Mängel gegenüber Tieren zeigen, die mit tierischer oder Gemischtkost aufgezogen wurden. Ein Grund für die Annahme späterer möglicher Probleme könnte der Kalziumbedarf sein, denn Wasserschildkröten enthalten schon als Jungtiere mehr Kalzium in Form von Knochen im Panzer als Landschildkröten, was insbesondere für ihre Überwinterung notwendig ist (JACKSON 2004, REESE et al. 2004). Krebstiere wie Asseln und Kleinkrebse, die ein verkalktes Exoskelett haben, ebenso wie Nackt- und Gehäuseschnecken, deren Schleim schon zu 40 % aus gelösten Kalziumverbindungen besteht, und kalziumreiches Muskelfleisch aller tierischer Lebewesen könnten dafür weit mehr Kalzium für Panzerwachstum und Skelettaufbau liefern, als rein pflanzliche Kost. Auch für junge Landschildkröten könnte dies zum Teil von Bedeutung sein, obwohl ihre Verknöcherung des Panzerskeletts während der ersten drei Lebensjahre wesentlich langsamer fortschreitet, als dies bei Wasserschildkröten der Fall ist (HÄFELI & ZWART 2000), wahrscheinlich weil junge Landschildkröten bei ihrer Überwinterung weit weniger der Gefahr von Sauerstoffmangel ausgesetzt sind, als das von Wasserschildkröten bekannt ist.

Trinkwasser und Folgen von zu häufigem Baden

Bei mir bekommen die Schlüpflinge bis auf das zum Befeuchten versprühte Wasser kein ständiges Trinkwasser. Trinkwasser wird nur jeden dritten Tag in einer langen schmalen Schale für Oliven angeboten, damit sie nur trinken, aber nicht drin herumlaufen können, da ich als Berufstätiger verschmutztes Wasser nicht ständig erneuern kann, was jedoch nötig ist, insbesondere wenn es sich um viele Schlüpflinge handelt. Es ist aber

Abb. 3a-d
Futterpflanzen: Nasser Spitzwegerich aus dem Gehege der Adulten (a) wird für die Jungtiere gesammelt. Halbwüchsige und erwachsene Schildkröten nutzen Spitzwegerich sowohl als Futter als auch zum Anlegen von versteckten Pfaden (b). Ältere *T. marginata* Nachzucht beim Verzehr von Hibiskusblüten (c). Fuchsschwanzklee (d) wird ebenfalls sehr gern gefressen.

nichts dagegen einzuwenden, wenn man nur wenige Tiere pflegt, ihnen täglich eine kleine Trinkschale Wasser mit 6-10 ml anzubieten, die, wenn sie einmal umgeschüttet wird, nicht gleich den ganzen Bodengrund durchnässt.

Die Tiere werden je nach Witterung etwa alle zwei bis drei Wochen gebadet. Sicherlich mag mancher sagen, das sei viel zu wenig. Aber dennoch habe ich mit zu häufigem Baden keine guten Erfahrungen gemacht. Landschildkröten gehören zu den Enddarmfermentierern (Hatt et al. 2005), das heißt, sie beherbergen im Enddarm symbiontische Bakterien, welche die zellulosereiche, pflanzliche Nahrung verdauen und kurzkettige Fettsäuren bilden, die von den Tieren als eigentliche Hauptnahrungsbestandteile über die Darmwand aufgenommen werden. Sie können über die Kloake und den Enddarm Wasser aufnehmen, wobei zu viel Wasser – wie beim Baden – im Enddarm oft wie ein Klistier wirkt und die Kotabgabe anregt. Diese Wirkung ist durchaus von den Tieren gewollt und gehört zu ihrer normalen Verdauungsphysiologie, solange sie sich in ihren semiariden (halbtrockenen) bis ariden Ursprungshabitaten aufhalten. Dort wird so ein Bad von den Tieren jedoch anders eingesetzt: Während lang andauernder Trockenperioden wird dem Kot im Enddarm überlebenswichtiges Wasser entzogen, genauso wie den Kotresten im Darm im Falle der Winterstarre. Setzt der Regen wieder ein, bzw. erwacht die Schildkröte aus der Winterstarre, dient ein Bad in einer sich bildenden Pfütze hier sowohl der Wasseraufnahme als auch der Aufweichung und Ausscheidung des ausgezehrten Stuhls.

Baden wir unsere Schildkröten zu oft und in zu kurzen Abständen, nehmen sie Wasser auf und geben Kot ab. Man stellt aber sehr schnell fest, dass der Kot bei zu häufigem Baden immer weicher wird und immer mehr unvollständig verdautes Pflanzenmaterial enthält, denn mit dem Kot werden auch die zur Verdauung notwendigen Bakterien des Enddarms ausgeschieden und ihre Zahl nimmt ab. Als Resultat treten oft Durchfälle und Verdauungsprobleme auf.

Bei einer jungen Griechischen Landschildkröte, die nicht gebadet, aber feucht gehalten wird, und die gut frisst, dauert die Darmpassage nach meiner Erfahrung etwa 7-9 Tage. Das entspricht in etwa dem, was auch andere schon beschrieben haben (McArthur et al. 2004). Das ist leicht zu beobachten, wenn man die Tiere entwurmt und zur Entwurmung das tiefrot gefärbte Molevac verabreicht (Bidmon 2003, 2006a). Dann sieht man, dass nach etwa 7 bis 9 Tagen ein rotbrauner Kot abgesetzt wird. Badet man dagegen die Tiere regelmäßig (täglich) nach Verabreichung von Molevac, wie ich das bei jungen Wildfängen aus Beschlagnahmungen bzw. bei konfiszierten T.S.A.-Importen in der Quarantänezeit tat, wird schon nach zwei bis drei Tagen roter weicher Kot ins Badewasser abgesetzt. Für eine konsequente problemlose Entwurmung ist ein solches Vorgehen wünschenswert, weil man dadurch größere Würmer, wie sie bei Wildfängen oft vorhanden sind, noch lebend abtreibt, ohne dass sie sich im Darm zersetzten und zu einer Sepsis führen können. Aber wenn man diese häufigen Bäder bei gesunden, sich normal ernährenden, nicht dehydrierten Tieren praktiziert, stört man nur die gute und zur Verdauung notwendige Darmflora.

Ältere Jungtiere sowie die Adulten haben natürlich während des Sommers immer eine schattig platzierte Schale mit frischem Wasser zur Verfügung (Abb. 7).

Notwendigkeit der Hibernation

Schlüpflinge, die schon im Juni oder noch in der ersten Julihälfte geschlüpft sind, kann man in den meisten Jahren direkt von der Haltung im Frühbeet aus einwintern (s. Bidmon 2004). Dabei treten kaum ernsthafte Probleme auf, sofern man geeignete Einwinterungsmöglichkeiten hat (Rogner 2005). Bei später ge-

Abb. 4a-b
Schlüpflinge (a) gedeihen prächtig, wenn sie jungen protein- und fettsäurereichen Doppel-Null-Raps im Futterangebot haben, auch Löwenzahn ist bei Jung und Alt beliebt (b)

schlüpften Landschildkröten oder solchen, die sogar erst im September aus einem Zweit- oder Drittgelege geschlüpft sind, wird es oft erforderlich, die Tiere noch einige Zeit im Schildkrötenraum oder Terrarium anzufüttern, ehe man auch sie spätestens zum Jahreswechsel noch für drei Monate bis Ende März oder Mitte April einwintern sollte. Die Einwinterung ist meines Erachtens notwendig – trotz aller Einwände, die ich von so manchem gehört habe. Warum? Auch junge Europäische Landschildkröten sind an eine Hibernationsperiode angepasst und wollen sie instinktiv durchführen. Sicher, in ihren Heimatländern beschränken sich die kalten Monate meist auf Dezember bis Februar, aber sie kommen vor, und wir haben in Deutschland nicht das Glück, durchgehend warme bis heiße Frühsommer und Sommer zu haben. Insbesondere Letzteres ist das eigentliche Problem.

Wenn Sie eine Europäische Landschildkröte im Winter bei entsprechend hohen Temperaturen durchfüttern und sie im Mai dann raus ins Gehege setzen, werden Sie bei der ersten Schlechtwetterperiode feststellen, dass sich das Tier vergräbt und in die Winterstarre geht. Ich habe das bei einem vierjährigen Tier erlebt, welches ich im Juni aus einer Innenhaltung übernommen hatte und bei mir ins Freiland setzte. Es vergrub sich gleich in der ersten Woche sehr tief, aber ich fand es noch wieder. Kurze Zeit später war es allerdings erneut verschwunden, und als ich es trotz intensiver Suche während der nächsten Tage nicht mehr finden konnte, dachte ich, es habe einen Fluchtweg aus dem Gehege gefunden. Erst in einer sehr heißen Augustwoche war das Tier plötzlich wieder da, allerdings war nun der Sommer fast zuende, so dass ich diese Schildkröte noch bis November durchfüttern musste, um sie dann endgültig dem Jahresrhythmus entsprechend einzuwintern.

Das zeigt deutlich, insbesondere hier gehaltene Europäische Landschildkröten brauchen die Winterstarre, um zu wissen, wann es Frühjahr bzw. Frühsommer ist. Andernfalls verhalten sie sich bei jeder frühsommerlichen Schlechtwetterphase so, als drohe der Wintereinbruch, da sie völlig aus ihrem Jahresrhythmus (Bidmon 2001) gerissen sind. Häufig können die Tiere auch gar nicht anders reagieren, denn die erfahrenen Temperaturabsenkungen erzwingen das entsprechende Verhalten über hormonelle Regulationsmechanismen, an denen die Schilddrüse maßgeblich beteiligt ist (Kohel et al. 2001).

Wie oben schon angesprochen, kann es notwendig werden, späte Schlüpflinge noch bis etwa Weihnachten durchzufüttern. Ein Umstand, der wohl auch aus ökonomischen Gründen zunehmend von jenen praktiziert wird, die schon möglichst große, muntere Nachzuchten auf der nun schon zum zweitenmal erst im Dezember stattfindenden Nachzuchtbörse in Hamm, in Gießen oder sonst wo an die Frau oder den Mann bringen möchten.

An dieser Stelle möchte ich vor allem Anfängern einen gut gemeinten Rat geben: Kaufen Sie Ihre Europäischen Landschildkröten im Frühjahr nach der ersten Überwinterung beim Züchter. Sie haben mehr davon, weil Sie sich über einen zunehmend aktiver werdenden neuen Pflegling freuen können, und die Schildkröte hat einen ganzen Sommer lang Zeit, sich auf ihr neues Zuhause einzustellen, wobei auch Sie die Möglichkeit haben, die Eigenheiten und Gewohnheiten des Tieres kennen zu lernen. Das ist viel besser, als sich mit einem Tier abzumühen, das eigentlich vom Instinkt her auf Winterruhe programmiert ist. Oft fällt es insbesondere Anfängern schwer zu unterscheiden, ob es sich bei einer Futterverweigerung mit zunehmender Inaktivität um die Vorbereitung auf die Winterstarre oder um die Anzeichen einer beginnenden Krankheit handelt.

Tropische Landschildkröten, die keine ausgeprägte Winterruhe kennen, kann man immer kaufen und mit entsprechender Vorbereitung eingewöhnen, aber Europäische Landschildkröten sind insbesondere, wenn sie für Kinder und Jugendliche gedacht sind, keine Weihnachtsgeschenke, sondern bestenfalls als Ostergeschenk geeignet. Daran halte

Abb. 5
Etwa dreijähriges Jungtier beim Verzehr eines Regenwurms im Freigehege
Foto: Eva Losem-Heinrichs

Abb. 6a-b
Halbwüchsige Nachzucht beim Verzehr von Sepiaschulp (a) und adulte Schildkröten beim Abnagen eines Knochens (b), was sie besonders mögen, wenn er schon etwas länger im Gras lag

ich mich auch bei der Abgabe meiner Nachzuchten und gebe Jungtiere im Herbst nur noch ausnahmsweise und an bereits erfahrene Halter ab. Anfänger können sich gerne ein Tier aussuchen, dieses aber erst im Frühjahr abholen. Dieses Vorgehen hilft einem auch selbst, denn die Anrufe der Schildkrötenpfleger, die bei Verhaltensänderungen nachfragen, was es zu bedeuten habe, oder ob sie etwas falsch machen, erspart man sich so meistens bis zum folgenden Spätherbst, wenn gute Ratschläge zur Einwinterung gefragt sind.

All jenen, die meinen, junge Nachzuchten Europäischer Landschildkröten braucht man nicht einzuwintern, und sie seien auch für jeden Anfänger problemlos über den Winter im Terrarium zu halten, denen unterstelle ich einfach einmal, dass sie bewusst aus geschäftlichem und finanziellem Eigeninteresse vor allem noch unerfahrene Anfänger grob fahrlässig täuschen. Etwas, wofür man ihnen eigentlich schon aus tierschutzrechtlicher Sicht die Sachkunde bzw. die Sachkunde für Händler aberkennen sollte. Wie die sich daraus ergebenden Situationen für die Betroffenen oft ausgehen, bekommt man nicht selten zu hören und zu sehen (Jennemann et al. 2006).

Allerdings kann es, wie oben schon angesprochen, auch für den Züchter und zumindest für Personen, die sich aus welchen Gründen auch immer entschieden haben, ein Tier im Spätherbst zu erwerben, über dessen Vorgeschichte sie nichts wissen, notwendig werden, die Tiere adäquat mit dem Notwendigsten artgerecht zu versorgen, so dass ich im Folgenden noch etwas dazu schreiben möchte.

Neben einem entsprechend großen, zugluftfrei aufgestellten Terrarium oder Zimmergehege benötigt man eine ausreichende Beleuchtung, die insbesondere eine UV-B Strahlung abgebende Lampe einschließt. An dieser Stelle möchte ich nicht auf die einzelnen Lampen und Leuchtmittel eingehen, sondern auf die ausführlichen Arbeiten von Lindgren (2004) und Hufer (2005) verweisen. Nur so viel sei erwähnt, mit Ausnahme einer Ultra Vitalux 300 W Lampe gibt es keine gängige Lampe im Handel, die gerade im unteren, also dem für die antirachitisch wirkende Vitamin-D-Synthese notwendigen UVB-Wellenlängenbereich von 290-315 nm genug Strahlungsintensität ausstrahlt, um eine adäquate Versorgung zu gewährleisten. Die Folgen einer solchen Unterversorgung sind Hyperparathyreodismus (Überfunktion der Nebenschilddrüsen) (Eatwell 2005), Abnahme der Agilität und im schlimmsten Fall Panzerweiche und Rachitis (Jennemann et al. 2006).

Des Weiteren bedarf es einer angemessenen Temperatur, tagsüber 24-28 °C, punktuell direkt unter der Lampe auch bis zu 40 °C, nachts kann die Temperatur ruhig auf 16-12 °C sinken. Die Wärme soll dabei von oben kommen, das heißt von einer Lichtquelle abgestrahlt werden (Anadon et al. 2005) und nicht etwa von unten durch eine Heizmatte. Zudem muss natürlich wie oben beschrieben die essentiell notwendige Luftfeuchte und Bodenfeuchte garantiert sein, um ein normales Wachstum und die Gesundheit sicherzustellen (Wright 2005). Zur Realisierung dieser Haltungsbedingungen sei auf die neueren Arbeiten von Vinke & Vinke (2004b), Fife (2006) und Bidmon & Jennemann (2006) verwiesen.

Für mich hat sich nach etlichen Umstellungen und Anpassungen während der letzten Jahre herausgestellt, dass die Jungtiere am besten gedeihen, wenn sie in Terrarien oder Wannen im Schildkrötenraum gehalten werden, die wie die oben erwähnten in den Frühbeeten benutzten Aufzuchtwannen eingerichtet sind. Dabei werden die Tiere mit 40 W Spotstrahlern beleuchtet und zusätzlich morgens und mittags etwa 20 min lang mit einer Osram Vitalux aus 50 cm Abstand bestrahlt.

Herbst-, Winterfütterung

Wer nur ein oder zwei Schildkröten versorgt, einen Garten hat, oder in ländlicher Idylle lebt, dem wird es nicht schwerfallen, sie auch während des Winters mit etwas Löwenzahn, Spitzwegerich, Winterraps und ähnlichem Grünfutter zu versorgen. Allerdings gibt es auch diejenigen, die das nicht können, und die auf das angewiesen sind, was beim Gemüsehändler zu haben ist. Letzteres trifft auch auf die meisten zoologischen Gärten zu, geht man einmal davon aus, was dort in so manchen Futterschalen zu sehen ist.

Hier stehen wir aber schon vor dem ersten ernstzunehmenden Problem, wie kann man wissen, welcher Salat aus welchem Herkunftsland, was enthält? Oder soll man nur vom Biobauern aus der Umgebung etwas holen? Und kann man da sicher sein, dass nicht zu viel Stickstoffverbindungen (auch Biobauern düngen!) wie Nitrat im Salat sind? Nein, das kann niemand, und es ist auch nicht so entscheidend, weder Sie noch die Schildkröten in Griechenland, Italien oder Spanien, die sich auch auf Feldern, das eine oder andere holen, kümmern sich darum oder erkranken nachweislich daran. Allerdings müssen wir gewisse Grundsätze beachten. Wir sollten möglichst Pflanzen und Salate benutzen, die faserreicher sind und bei Salaten solche, die dazu neigen, Bitterstoffe zu enthalten, wobei sich bei meinen Tieren seit Jahren Lattuga bzw. Romanasalat und Endiviensalat bewährt haben. Chicoree, der zwar gern gefressen wird, sollte gemieden werden, da er zu oxalsäurereich ist. Wenn Salate gefüttert werden, dann sollte weniger Wasser gegeben werden, oder der Salat sollte etwas welk sein, da sonst der Stuhl zu weich wird (Heinle & Bidmon 2002).

Zusätzlich sollten die Tiere an das Fressen von Heu bzw. eingeweichten Heucobs gewöhnt werden. Allerdings sollte auf keinen Fall nur mit Heucobs gefüttert werden, wobei das nach meiner Erfahrung von der Breitrandschildkröte, *Testudo marginata* (wahrscheinlich auch von *T. graeca ibera*) etwas besser vertragen wird als von *Testudo hermanni boettgeri*. Salate und Heu kann man zwar durchaus vermischt verfüttern, dennoch sehe ich aus eigener Erfahrung darin wenig Sinn, da zumindest *Testudo h. boettgeri* sich bei einer gemischten Verfütterung von Heu und Grünfutter nur das Grünfutter heraussucht. Als Futter bekommen sie, solange es geht, also etwa bis Mitte November, Wiesenkräuter. In der darauf folgenden Zeit werden täglich für zirka 15-20 Schlüpflinge pro Wanne acht große Endivienblätter oder sechs Romanasalatblätter sowie 10 Blätter Winterraps gefüttert, den ich sofort, nachdem meine Tropischen Landschildkröten im Haus sind, in deren Frühbeeten aussäe. Sofern diese Blätter abends aufgefressen sind, bekommen sie noch ein paar Blätter nach oder jeden zweiten Abend eine Mischung aus aufgequollenen Heucobs (Cobs des Prés, Michael Willems, Raiffeisenfilialen) mit Sera raffy P, Matzinger Vollkornflocken mit Gemüse für Hunde und gemahlenem Kanarienfutter. Um diese Mischung herzustellen, nehme ich neun Hände voll trockene Heucobs und übergieße sie mit 600 ml kochendem Wasser, danach lasse ich das Heu quellen und abkühlen. Zusätzlich nehme ich eine Tasse Gemüseflocken und 50 ml Sera raffy P sowie eine halbe Tasse Kanarienfutter. Das Sera raffy P und das Kanarienfutter müssen so portioniert gemahlen werden, dass immer Kanarienfutter und Sera raffy P zusammen in der elektrischen Kaffeemühle sind, da sonst das leichte raffy P nicht vollständig zertrümmert wird. Warum das notwendig ist, siehe BIDMON (2003). Anschließend gibt man alles zusammen, durchmischt es gut, wonach es noch handwarm verfüttert wird. Was abends nicht mehr gefressen wird, wird morgens entsorgt.

Darüber hinaus stelle ich immer noch einige Pflanzschalen in den Schildkrötenraum, in die ich Rotklee und/oder Kanariensaatmix aussäe. Als Pflanzsubstrat verwende ich zu je einem Drittel Torf, Kies und feinen Muschelschalengrit von Beaphar (Abb. 8a-e) oder Kalkschotter. Bei den Temperaturen und Lichtverhältnissen im Schildkrötenraum keimt das sehr schnell, und die im Substrat enthaltene Huminsäure löst die Kalkverbindungen, so dass sie von den Keimlingen aufgenommen werden können und so über die Nahrung den Schlüpflingen zugute kommen. Dies stellt immer einen besonderen Leckerbissen für alle Nachzuchten von Landschildkröten dar. Allerdings gibt es sie in unregelmäßigeren Abständen abhängig von der Verfügbarkeit der Keimlinge und der Menge der zu versorgenden Tiere, so dass ich hier keine exakten Mengenangaben machen möchte.

Abb. 7
Subadulte Nachzucht von *T. marginata* am schattigen Trinknapf

Einmal pro Woche bereite ich die von mir für Tropische Landschildkröten entwickelte, je nach Schildkrötenspezies etwas abgewandelte „Komplettfuttermischung" zu (siehe Kasten), die sich, sofern ich im Winter Schlüpflinge Europäischer Landschildkröten zu füttern habe, auch bei diesen bewährt hat.

Mir ist klar, dass diese Futtermenge für die meisten, die nur ein oder zwei Jungtiere zu versorgen haben, zu groß ist. Allerdings kann jeder die angegebenen Werte beispielsweise durch Zehn teilen, um eine geringere Menge Futter anzusetzen. Dabei gilt es aber Einiges zu beachten. Die ungesättigten Fettsäuren (gemahlenes Kanarienfutter) und die Vitamine können oxidieren, wobei sie wertlos werden und manche sogar toxisch wirken können. Deshalb sollte man für kleine Futteransätze die Vigantoletten, die Kaliumjodidtablette und die Multinorm Vitamintablette zusammen mit dem Sepiaschulp in der Kaffeemühle mahlen und sie kühl (Eisfach) in einer luftdichten Dose (z. B. Filmdose) auf Vorrat lagern, wobei man sich immer bei Bedarf je nach produzierter Futtermenge eine Messerspitze oder einen Bruchteil eines Teelöffels abnehmen kann. Es ist ebenfalls möglich, statt der Multinormtablette das einfacher abzumessende Korvimin ZVT Pulver zu verwenden, das man jedoch genauso luftgeschützt und gekühlt lagern muss. Eine Farbveränderung des weißen Pulvers zum Cremefarbenen hin zeigt an, dass es oxidiert ist und an Wirkung verliert. In gleicher Weise kann man mit dem Kanarienfutter und mit Sera raffy P verfahren. Bei allen anderen Bestandteilen hat man wohl keine Probleme, entsprechend kleinere Portionen abzumessen.

Um einer Gicht vorzubeugen, erhalten ältere und adulte Tropische Landschildkröten diese Komplettfuttermischung nur alle 14 Tage und nicht wie die schneller wachsenden Schlüpflinge in kürzeren Abständen. Ebenso wird auch älteren Jungtieren nicht mehrmals in der Woche mit Sera raffy P angereichertes Futter angeboten, weil ältere Landschildkröten meiner Meinung nach mit weniger regelmäßig verabreichter, proteinreicher Nahrung gut auskommen (siehe oben: Ernährungsphysiologische Grundlagen und Fragen). Allerdings möchte ich nicht verschweigen, dass ich die Komplettfuttermischung nach der Winterstarre auch den geschlechtsreifen Weibchen in 14-tägigen Abständen zukommen lasse.

Die Komplettfuttermischung sorgt dafür, dass die Schildkröten auch in der ungünstigen Jahreszeit mit allem Notwendigen versorgt sind. Sicher, gerade die Vitamine sind in dieser Mischung als Tagesmahlzeit überdosiert, allerdings dadurch, dass die Schlüpflinge diese Mischung nur einmal pro Woche bekommen und dann auch nicht alles, sondern nur ihren individuellen Teil davon fressen (½ Vitamintablette auf 600 g Heucobs), haben sie sechs Tage Zeit, davon zu zehren. Das ist ungefähr so, als würden Sie nur einmal in der Woche ein ausgiebiges Seefischmenü essen, denn dann nehmen Sie auch etwa sechs Mal mehr Vitamin D_3 zu sich, als in jeder Ihrer Vitamintabletten, die sie vielleicht täglich einnehmen, enthalten ist. Erkranken werden Sie daran nicht, ihr Körper freut sich bestenfalls über die Extraportion.

Diskussion über die Notwendigkeit von Zusatzstoffen

Nun, warum aber all diese Zusatzstoffe, wenn doch selbst viele Veterinäre sagen, solange die Tiere Grünfutter fräßen, bräuchten sie das nicht? Darauf möchte ich in der folgenden Diskussion näher eingehen, obwohl auch mir klar ist, dass – solange es für Schildkröten oder besser noch für die verschiedenen Spezies keine wissenschaftlichen Untersuchungen gibt – meine Argumente nur eine Annäherung darstellen und im Wesentlichen auf eigener Erfahrung beruhen. Aber auch der amerikanische Veterinär Frye (1991) hat schon viele dieser Fragestellungen – natürlich mit den damals zur Verfügung stehenden Erkenntnissen – sehr gut bearbeitet und

Herstellung der Komplettfuttermischung

Zutaten

- 9 Hände oder (800 g) Heucobs (trocken)
- 600 ml kochendes Wasser

- 1,5 Salatgurke (ca. 750 g Frischgewicht)
- 2-3 Karotten (ca. 100 g Frischgewicht)
- 1 Orange oder 2 Kaktusfrüchte

- 1 Esslöffel Vitamin E + Selen (Röhnfried, Dr.Hesse Tierpharma GmbH & Co. KG, Raiffeisenfiliale)
- 2 Esslöffel Walnussöl kaltgepresst (Reformhaus).

- 60 g Kanarienfuttermischung
- 50 g Sera raffy P
- ½ Tablette Multinorm (24 Vitamine + Mineralstoffe + Spurenelemente; Aldi)
- 4 Vigantoletten 1000 (Vitamin D_3; Merck, Darmstadt)
- 1 Tablette Kaliumjodid 100 (Ratiopharm)

- 100 g Matzinger Vollkornflocken mit Gemüse (für Hunde)
- 20 g gemahlener Sepiaschulp (Kaffeemühle)

Herstellung

1. Heucobs mit dem kochenden Wasser übergießen, quellen und abkühlen lassen.
2. Salatgurke und Karotten reiben, Orange bzw. Kaktusfrüchte klein schneiden und alles mischen oder zusammen in einem Mixer zerkleinern
3. Walnussöl und die Vitamin-E-Emulsion gut unterrühren, da sie sich auf dem Flüssigkeitsfilm sehr fein verteilen
4. Sera raffy P, Kanarienfutter, Vitamin- und Kaliumjodidtablette, Vigantoletten zusammen in elektrischer Kaffeemühle mahlen
5. Nun die geriebenen nassen Früchte mit den Gemüseflocken überstreuen und darüber großflächig den Sepiaschulp sowie die anderen gemahlenen Zusatzstoffe verteilen, damit sie auf dem darunter liegenden feuchten Gurkengemisch keine Klumpen bilden und zügig alles sehr gut durchrühren.
6. Sobald die gequollenen Heucobs auf unter 45 °C abgekühlt sind, mischt man sie ebenfalls unter. Die Heucobs sollte man auf alle Fälle abkühlen lassen, da insbesondere Vitamin C bei Temperaturen über 45 °C sehr schnell zerstört wird, so dass es keinen Sinn macht, solche Vitamine in die noch heißen Heucobs einzurühren. Wer es eilig hat, der sollte lieber versuchen, die Heucobs in 400 ml kochendem Wasser vorzuquellen und dann mit 200 ml kaltem Wasser zu übergießen, dann nachquellen und abkühlen zu lassen, oder die Pellets am Vorabend aufzuquellen.

Anwendung

- Schlüpflinge: Einmal wöchentlich während der ungünstigen Jahreszeit (verkürzte Winterstarre)
- Erwachsene Weibchen während der Eiablagezeit alle 14 Tage

beschrieben, so dass man sich manchmal wundert, wie wenig davon bis heute Eingang in die hierzulande geführten Diskussionen gefunden hat.

Bei meiner praktizierten Fütterung habe ich mich bemüht, vor allem im Freiland Beobachtetes zu berücksichtigen, aber auch die neueren Erkenntnisse aus der ernstzunehmenden Literatur zu integrieren. Ich möchte allerdings nicht verschweigen, dass ich bei meinen eigenen Tieren nicht jeden neu angepriesenen Trend mitgemacht habe, wobei ich derzeit fast der Meinung bin, dass meine sehr alten langjährigen Zuchttiere gerade deshalb noch so fit sind. Gleiches möchte ich auch hier jedem erfahrenen langjährigen Halter empfehlen: Erst lesen, dann nachdenken und dann vielleicht den einen oder

Abb. 8a-e
Beispiele zur praktischen Kalziumversorgung der Schildkröten direkt oder über Futterpflanzen: Beaphar Muschelgrit (a) eignet sich sehr gut für Schlüpflinge. Muschelschalen enthalten darüber hinaus noch weitere wichtige Mineralien. Futtersaatkeimlinge in den Pflanzschalen angesät auf einem Muschelkalk-Kies-Torf-Gemisch (b) und Schlüpflinge, die sich über diese Futterzugabe freuen (c). Geschotterter Muschelkalk vom Steinbruch lässt sich gut in die Gehege einbringen, und die Pflanzen, die darauf wachsen, werden bevorzugt abgeweidet (d-e). Vor allem Europäer sind dafür bekannt, dass sie in ihren Herkunftsländern kalkhaltige Karstböden besiedeln und daher an den Verzehr kalkliebender Futterpflanzen angepasst sind.

anderen Punkt übernehmen. Denn auch ich stelle in keiner Weise den Anspruch, hier den besten Weg gefunden zu haben, vielmehr geht es darum, wie oben schon erwähnt, all jenen Anfängern ein anwendbares, praktikables Fütterungskonzept an die Hand zu geben, das sich bewährt hat. Das lassen bis heute noch die meisten Bücher zur Haltung bzw. Fütterung vermissen.

Warum also Zusatzstoffe? Zusatzstoffe sind hier – wie wir das für den Menschen auch kennen – notwendig, um bei zu einseitiger Ernährung Mangelerscheinungen vorzubeugen. Diese Mängel sind nie auszuschließen, wenn man während der ungünstigen Jahreszeit auf nur wenige Futterarten angewiesen ist, die dann auch noch in den meisten Fällen aus dem Massenanbau stammen. Selbst wenn sie vom Biobauern angebaut worden sind, können sie je nach Landstrich und Düngermenge unterschiedlich im Stickstoff- und Mineralgehalt sein (Dennert 2001).

Ungesättigte Fettsäuren, wie sie gehäuft in Keimlingen, Blüten und in jungen bzw. reifen Samen und Früchten vorkommen, sind im handelsüblichen jungen Salat nur in geringer Menge vorhanden, lediglich Raps und viele Sukkulenten enthalten auch höhere Mengen in den Blättern.

Ein Jodmangel kann bestehen, da die meisten Landschildkröten sehr küstennah leben (Ausnahme vielleicht einige Unterarten von *T. horsfieldii* und *T. graeca*). Daher sind die Tiere an eine ausreichende Jodversorgung angepasst, was schon von Frye (1991) sehr eindrucksvoll dokumentiert wurde. Zusätzlich belegen einige eigene Befunde, dass Jodmangel und Schilddrüsenvergrößerung auch bei Europäischen Landschildkröten auftreten.

Vitamin E und Selen sind wichtige Antioxidantien, die für alle wachsenden und stoffwechselaktiven Körperzellen essentiell sind und oft nicht in ausreichender Menge vorliegen.

Über die Notwendigkeit von Kalzium und anderen Mineralien wurde schon oft berichtet (Frye 1991, Liesegang et al. 2001), wobei insbesondere schon Frye (1991) klar hervorhebt, dass zu einer normalen Kalziumaufnahme im Darm adäquate Vitamin-D_3-Spiegel notwendig sind, sonst verlässt der größte Teil des Kalziums den Darm wieder mit dem Stuhl. Dass gerade bei der Innenhaltung – und in Norddeutschland eventuell auch bei der Freilandhaltung – ein Mangel an Vitamin D_3 sehr wahrscheinlich ist, wurde schon mehrfach diskutiert (Bidmon 2001). Die damit assoziierten Krankheitssymptome wurden erstmals für alle Arten in Südengland gehaltener Europäischer Landschildkröten nachgewiesen (siehe auch den Kommentar zu Eatwell 2005 in Bidmon 2006b). Mein eigener Wohnort in der Kölner Bucht liegt übrigens dem Süden Englands wesentlich näher als etwa Sardinien oder gar Griechenland. Nimmt man die von Eatwell (2005) aufgezeigten Befunde, verwundert es wirklich nicht, warum so mancher Tierarzt beim Röntgen auch bei schön glatt gewachsenen Tieren so oft Osteoporose („morsche Knochen") diagnostizieren kann, wovon besonders Eier legende Weibchen betroffen sind. Gerade diese brauchen – bedingt durch ihre Sexualhormone – Kalzium zur Beschalung ihrer Eier, was jedoch durch Vitamin-D_3-

Abb. 9
Futtermittelmenagerie zur Zusammenstellung der Komplettfuttermischung, lediglich das angeführte Obst und die gemahlenen Sepiaschulpe fehlen

Mangel nur spärlich aufgenommen wird. Bei verstärktem Mangel müssen sie sogar welches aus ihren Knochen abbauen. Sollte Letzteres der Fall sein, zehren sie dabei von den Reserven, die sie vielleicht noch in ihrer Jugend in der nicht reproduktiven Phase angelegt hatten.

Ein weiterer Aspekt ist die Vitamin-A-Versorgung, auf die man oft angesprochen wird, aber auf die ich hier bei den Europäischen Landschildkröten nicht im Besonderen eingegangen bin, obwohl es in der Vitamintablette und als Vorstufe in den Karotten enthalten ist. Vitamin A scheint für Wasserschildkröten und unter Umständen auch für amerikanische Dosenschildkröten der Gattung *Terrapene* eine größere Rolle zu spielen (Frye 1991, Voprsalek & Simunek 1994 [diese Arbeit gibt auch Dosierungen an], Brown et al. 2004). Bei Europäischen Landschildkröten und insbesondere bei *Testudo hermanni* scheint reines Vitamin A in Bezug auf die Menge keine große Rolle zu spielen, und es ist bislang eher von einer schädigenden Wirkung bei Überdosierung auszugehen, denn in den Eiern und den sich entwickelnden Embryonen konnten bis zum Schlupf nur äußerst geringe Mengen bis gar keine messbaren Vitamin-A-Spiegel nachgewiesen werden. Die Autoren gehen in ihrer ausführlichen Arbeit davon aus, dass Vitamin A direkt und nur bei Bedarf aus ß-Carotinoiden hergestellt wird (Speake et al. 2001). In diesem Fall trifft die Aussage der meisten Tierärzte zu:

Wenn Grünfutter vorhanden ist, mangelt es nicht an Carotinoiden (Vitamin-A-Vorstufe)!

Sicherlich werden sich einige Leser fragen, warum ich, wenn schon überhaupt, Sera raffy P verwende und nicht das für Landschildkröten konzipierte Sera raffy Vital? Der Grund ist einfach, Serra raffy P hat einen ausgezeichneten Geruch, den sich die Tiere gut einprägen (macht Heucobs schmackhaft!), und es liefert bei entsprechender Verdünnung, die von mir favorisierte geringe Menge an tierischem Eiweiß. Sera raffy Vital besteht herstellungstechnisch aus zwei Komponenten, den hellen Futterwürstchen, welche die gleiche Zusammensetzung wie raffy P haben und den dunkelgrünen, ballaststoffreicheren und kalziumangereicherten Tabletten. Da diese harten Tabletten aber von meinen Tieren ungern genommen werden und ich nur Protein haben möchte, weil ich das Kalzium in Form von Sepiaschulp verabreiche, komme ich mit Sera raffy P besser zum Ziel.

Als einen wesentlichen Aspekt möchte ich noch anmerken, dass es eigentlich in Zukunft entscheidend sein wird, den richtigen Zeitpunkt zu finden, zu dem man das tierische Eiweiß reduziert oder gar völlig aus dem Futter raus lässt, um der Gefahr von Gicht bei älteren langsamer wachsenden Schildkröten vorzubeugen. Dies sollte aber gerade bei Europäischen Schildkrötenarten, die im Sommer im Freigehege leben und im Winter schlafen, kein Problem sein, da wir im Sommer meist genug Wiesengrün zur Verfügung haben, und Tiere, die älter als ein Jahr sind, sowieso im Sinne einer artgerechten Haltung die gesamte ungünstige Jahreszeit in Winterstarre verbringen. Insofern können sie im Sommer selbst wählen, wie viel Wurm oder Schnecke sie sich – wenn überhaupt – zumuten wollen. Dennoch, die Abklärung der Frage, für welche Schildkrötenart, in welchem Alter das Futter entsprechend umgestellt und angepasst werden muss, wird wohl zu einer zunehmend wichtigeren Aufgabe für die Ernährungsphysiologen, insbesondere wenn es dabei um die organisierte Nachzucht stark bedrohter Arten geht.

Literatur

ANADON, J. D., A. GIMENEZ, I. PEREZ, M. MARTINEZ & M. A ESTEVE (2005): The role of relief in local abundance patterns of the spurthighed tortoise *Testudo graeca graeca* in south-east Spain. – Herpetological Journal 15 (4): 285-290.

BALSAMO, R. A., M. D. HOFMEYR, B. T. HENEN & A. M. BAUER (2004): Leaf biomechanics as a potential tool to predict feeding preferences of the geometric tortoise *Psammobates geometricus*. – African Zoology 39: 175-181.

BIDMON, H.-J. (2001): Regulation der Ruhephasen bei Schildkröten: Was ist bekannt und welche Konsequenzen ergeben sich für die erfolgreiche Haltung? – Radiata, Haan 10 (4): 3-19.

Abb. 10a-f
Komplettfutterzubereitung: Die Menge an Heucobs trocken (a) und gequollen (b), die Sera raffy P Sticks überschüttet mit Kanariensaat, vier Vigantoletten, einer Kaliumjodid- und der halben Vitamintablette (c). Das geriebene Gemüse und Obst überschüttet mit Matzinger Gemüseflocken, dem Inhalt der Kaffeemühle und weiß oben drauf die gemahlenen Sepiaschulpe (d), alles gut verrührt (e) und zusammen mit den Heucobs in einer größeren Schüssel zum Endprodukt (f) vermischt

Bidmon, H.-J. (2003): Indische Sternschildkröten *Geochelone elegans* (Schoepff, 1795): Ihre Terrarien- und Freilandhaltung und Nachzucht. – Emys, Reidling 10 (1): 4-42.

Bidmon, H-J. (2004): Laub und Tropische Landschildkröten: Eine Beobachtung. – Schildkröten im Fokus, Bergheim 1 (3): 11-16.

Bidmon, H.-J. (2006a): *Geochelone elegans* (Schoepff, 1795) the Indian Star tortoise: Is it really a 'difficult' tropical tortoise? Several years of indoor and outdoor husbandry and breeding in Germany. – S. 18-49 in: Artner, H., B. Farkas & V. Loehr (Hrsg.): Turtles: Proceedings of the International Turtle and Tortoise Symposium, Vienna 2002. – Frankfurt (Edition Chimaira).

Bidmon, H.-J. (2006b): Wissenschaft im Fokus. – Schildkröten im Fokus, Bergheim 3 (1): 21-24.

Bidmon, H.-J. & G. Jennemann (2006): Hohe relative Luftfeuchtigkeit, gleich glatte Panzer: Wie lässt sich das in der Landschildkrötenhaltung praktikabel realisieren? – Schildkröten im Fokus, Bergheim 3 (4): im Druck

Birkhead, R. D., C. Guyer, S. M. Hermann & W. K. Michener (2005): Patterns of folivory and seed ingestion by gopher tortoises (*Gopherus polyphemus*) in a southeastern pine savanna. – American Midland Naturalist 154 (1): 143-151.

Bjorndal, K. A. (1991): Diet mixing – nonadditive interactions of diet items in an omnivorous fresh water turtle. – Ecology 72 (4): 1234-1241.

Bouchard, S. S. & K. A. Bjorndal (2005): Microbial fermentation in juvenile and adult pond slider turtles, *Trachemys scripta*. – Journal of Herpetology 39 (2): 321-324.

Bouchard, S. S. & K. A. Bjorndal (2006): Ontogenetic Diet Shifts and Digestive Constraints in the Omnivorous Freshwater Turtle *Trachemys scripta*. – Physiological and Biochemical Zoology 79 (1): 150-158.

Brown, J. D., J. M. Richards, J. Robertson, S. Holladay & J. M. Sleeman (2004): Pathology of aural abscesses in free-living eastern box turtles (*Terrapene carolina carolina*). – Journal of Wildlife Diseases 40: 704-712.

Constantino, M. A. & M. Salmon (2003): Role of chemical and visual cues in food recognition by leatherback posthatchlings (*Dermochelys coriacea* L).– Zoology 106 (3): 173-181.

Dennert, C. (2001): Ernährung von Landschildkröten. – Münster (Natur und Tier – Verlag), 143 S.

Eatwell, K. (2005): Seasonal and gender variation in serum levels of ionized calcium and 25-hydroxycholecalciferol in *Testudo* species. – Exotic DVM Veterinary Magazine 7 (4): 17-22.

El Mouden, E. H., T. Slimani, K. Ben Kaddour, F. Lagarde, A. Ouhammou & X. Bonnet (2006): *Testudo graeca graeca* feeding ecology in an arid and overgrazed zone in Morocco. – Journal of arid Environments 64 (3): 422-435.

Fife, R. (2006): Care and breeding of the radiated tortoise, *Geochelone radiata*. – S. 505-510 in: Artner, H., B. Farkas & V. Loehr (Hrsg.): Turtles: Proceedings of the International Turtle and Tortoise Symposium, Vienna 2002. – Frankfurt (Edition Chimaira).

Frye, F.L. (1991): Reptile Care: An atlas of diseases and treatments. Vol. I. – Neptune City, NJ (T.F.H. Publications Inc.), 325 S.

Furrer, S. C., J. M. Hatt, H. Snell, C. Marquez, R. E. Honegger & A. Rubel (2004): Comparative study on the growth of juvenile Galapagos giant tortoises (*Geochelone nigra*) at the Charles Darwin research station (Galapagos Islands, Ecuador) and Zoo Zürich (Zürich, Switzerland). – Zoo Biology 23: 177-183

Häfeli, W. & P. Zwart (2000): Panzerweiche bei jungen Landschildkröten und deren mögliche Ursachen. – Praktischer Tierarzt 81 (2): 129-132.

HAILEY A., R. L. CHIDAVAENZI & J. P. LOVERIDGE (1998): Diet mixing in the omnivorous tortoise *Kinixys spekii*. – Functional Ecology 12 (3): 373-385.

HATT, J. M., M. CLAUSS, R. GISLER, A. LIESEGANG & M. WANNER (2005): Fiber digestibility in juvenile Galapagos tortoises (*Geochelone nigra*) and implications for development of captive animals. – Zoo Biology 24: 185-191.

HEINLE, N. & H.-J. BIDMON (2002): Auf- und Nachzucht der Strahlenschildkröte *Geochelone radiata* (SHAW, 1802): Haltung und erfolgreiche Vermehrung über mehrere Jahre nach Anpassen der Inkubationstemperaturen der Eier an die klimatischen Gegebenheiten im Ursprungsgebiet der Tiere. – Emys, Reidling 9 (2): 4-28.

HUFER, H. (2005): Moderne Lichttechnik im Schildkrötenterrarium. – Schildkröten im Fokus, Bergheim 2 (1): 21-28.

JACKSON, D. C. (2004): Surviving extreme lactic acidosis: the role of calcium lactate formation in the anoxic turtle. – Respiratory Physiology & Neurobiology 144 (2-3): 173-178.

JENNEMANN, G., M. WETTLAUFER & H.-J. BIDMON (2006): Interesting features of nutritional secondary Hyperparathyroidism in two young greek tortoises. – Exotic DVM Veterinary Magazine 8 (1): 15-20.

KOHEL, K. A., D. S. MACKENZIE, D. C. ROSTAL, J. S. GRUMBLES & V. A. LANCE (2001): Seasonality in plasma thyroxine in the desert tortoise, *Gopherus agassizii*. – General and Comparative Endocrinology 121 (2): 214-222.

LAGARDE, F., X. BONNET, J. CORBIN, B. HENEN, K. NAGY, B. MARDONOV & G. NAULLEAU (2003): Foraging behaviour and diet of an ecothermic herbivore: *Testudo horsfieldii*. – Ecography 26 (2): 236-242.

Liesegang A., J. M HATT, J. NIJBOER, R. FORRER, M. WANNER & E. ISENBUGEL (2001): Influence of different dietary calcium levels on the digestibility of Ca, Mg, and P in captive-born juvenile Galapagos giant tortoises (*Geochelone nigra*). – Zoo Biology 20 (5): 367-374.

Abb. 11
Jungtiere am Komplettfutter, das wie das Wasser meist in schmalen, langen Olivenschalen gereicht wird, damit viele Platz haben, sich jedoch nicht ständig in das Futter setzen

Lindgren, J. (2004): UV-lamps for terrariums: Their spectral characteristics and efficiency in promoting vitamin D3 synthesis by UVB irradiation. – Herpetomania 3-4: 13-20.

McArthur S., R. Wilkinson, J. Meyer, C. Inis & S. Hernandez-Divers (2004): Medicine and Surgery of Tortoises and Turtles. – Oxford/Ames (Blackwell Publishing), 579 S.

McRobert, S. P. (1999): Housing density and growth in juvenile red-eared turtles. – Journal of Applied Animal Welfare Science 2: 133-140.

Mushinsky, H. R., T. A. Stilson & E. D. McCoy (2003): Diet and dietary preference of juvenile gopher tortoise (*Gopherus polyphemus*). – Herpetologica 59: 475-483.

O'Brien, S., B. Robert & H. Tiandray (2005): Hatch size, somatic growth rate and size-dependent survival in the endangered ploughshare tortoise. – Biological Conservation 126 (2): 141-145.

Oftendal, O. T. & M. E. Allen (1996): Nutrition as a major facet of reptile conservation. – Zoo Biology 15 (5): 491-497.

Reese, S. A., G. R. Ultsch & D. C. Jackson (2004): Lactate accumulation, glycogen depletion, and shell composition of hatchling turtles during simulated aquatic hibernation. – Journal of Experimental Biology 207 (16): 2889-2895.

Rogner, M. (2005): Die Griechischen Landschildkröten. – Münster (Natur und Tier – Verlag), 168 S.

Sa, V. A., L. C. Quintanilha, G. E. Freneau, V. L. F. Luz, A. D. R. Borja & P. C. Silva (2004): Body growth of one-month giant Amazonian turtle (*Podocnemis expansa*) fed isocaloric diet with different levels of crude protein concentration. – Revista Brasileira de Zootecnia – Brazilian Journal of Animal Science 33 (6), Suppl. 3: 2351-2358.

Schilliger, L. (2000): Nutrition of reptiles and specific nutritional disorders. – Revue de Medecine Veterinaire 151 (12): 1107-1118.

Schneider, T. (2005): Überlegungen zur Gehegebepflanzung für Landschildkröten. – Schildkröten im Fokus, Bergheim 2 (3): 13-20.

Speake, B. K., P. F. Surai & M. Gore (2001): Lipid composition, fatty acid profiles, and lipid-soluble antioxidants of eggs of the Hermann's tortoise (*Testudo hermanni boettgeri*). – Zoo Biology 20 (2): 75-87.

Vinke, T. & S. Vinke (2004a): Die Rolle ungesättigter Fettsäuren in der Landschildkrötenernährung – eine Annäherung an einen vernachlässigten Aspekt. – Schildkröten im Fokus, Bergheim 1 (2): 11-15.

Vinke, T. & S. Vinke (2004b): Vermehrung von Landschildkröten. – Offenbach (Herpeton Verlag Elke Köhler), 189 S.

Voprsalek, T. & J. Simunek (1994): The importance of vitamine A for turtles. – Tierärztliche Umschau 49 (8): 502-505.

Weser, R. (1988): Zur Höckerbildung bei der Aufzucht von Landschildkröten. – Sauria, Berlin 10 (3): 23-25.

Wiesner, C. S. & C. Iben (2003): Influence of environmental humidity and dietary protein on pyramidal growth of carapaces in African spurred tortoises (*Geochelone sulcata*). – Journal of Animal Physiology and Animal Nutrition 87: 66-74.

Willig, S. (2005): Grundlegendes über Futterpflanzen für Landschildkröten. – Schildkröten im Fokus, Bergheim 2 (3): 25-34.

Wright, K. (2005): Beyond POTZ: Environmental influences on reptile healing. – Exotic DVM Veterinary Magazine 7 (4): 11-15.

Zentek. J., & C. Dennert (1997): Feeding of reptiles: Practice and problems. – Tierärztliche Praxis Ausgabe Kleintiere Heimtiere 25 (6): 684-688.

Autor

Hans-Jürgen Bidmon
E-Mail: hjb@hirn.uni-duesseldorf.de

STEFAN T. KOSUCK, Nordhastedt

Was es über unser Hobby, Europäische Landschildkröten, in Form von Büchern zu berichten gibt

Gab es bis vor einigen Jahren, bzw. Jahrzehnten noch wenig über unser Hobby Europäische Landschildkröten in Form von Büchern zu lesen, so hat sich die Landschaft in den letzten Jahren doch erheblich zum Positiven verändert. Ich möchte Ihnen mit diesem Bericht einen kleinen Überblick über eine Vielzahl meiner Meinung nach guten Büchern geben, die im Laufe der letzten drei Jahrzehnte erschienen sind. Mittlerweile sind es so viele, dass ich eine Auswahl treffen musste. Es werden deshalb nur Bücher vorgestellt, die überwiegend Europäische Landschildkröten behandeln. Dem fallen einige Bücher – darunter auch empfehlenswerte – zum Opfer, die sich in einem allgemeineren Sinne mit Landschildkröten befassen. Außerdem habe ich aus verschiedenen Gründen einige bekannte Bücher zum Thema ausgelassen.

Die Bücher, die ich ausgewählt habe, zeigen – so glaube ich – anschaulich, wie sich die Zeiten für die Europäischen Landschildkröten in Menschenobhut positiv verändert haben. Das ist eine Wechselwirkung, denn zu dieser Entwicklung hat sicherlich das ein oder andere qualitativ hochwertige Buch seinen Beitrag geleistet. Sicherlich wird der ein oder andere Züchter, Hobbyhalter oder auch Fachmann eine andere Meinung, von dem was ich schreibe, haben!

OBST, FRITZ JÜRGEN & WALTER MEUSEL (1972):
Die Landschildkröten Europas
Die Neue Brehmbücherei 319, A. Ziemsen Verlag, Wittenberg Lutherstadt
ISBN keine, kartoniert, 14,5×20,5 cm
Preis antiquarisch

In diesem 72 Seiten starken Büchlein sind 69 schwarz-weiß Abbildungen, eine Farbtafel und eine Verbreitungskarte enthalten. Der Inhalt gliedert sich in folgende Kapitel: Inhaltsverzeichnis; Bestimmungsschlüssel; Kurzbeschreibungen; Individuelle Abweichungen; Körperbau der besprochenen Arten; Verbreitung; Lebensweise; Stammesgeschichte; Wissenschaftliche Namensgebung; Mensch und Schildkröte; Altes Sinnbild; Wirtschaftlicher Nutzen; Schildkröten als Versuchstiere; Haltung und Pflege; Nachwort; Literatur und Quellen.

Kommentar:

Dieses Büchlein aus der Reihe Neue Brehm-Bücherei ist wohl eines der ersten Werke, das sich mit der Haltung Europäischer Landschildkröten befasste. Bei Erscheinen dieses Buches steckte die Haltung von Europäischen

Landschildkröten sicher noch in den „Kinderschuhen“. Vieles, was dort geschrieben steht, so wissen wir heute, ist nicht artgerecht und man kann es nach heutiger Sicht so nicht mehr empfehlen. Das sollte man bedenken, wenn man einen jüngeren Nachdruck, bspw. von 2003 erwirbt. Im Original ist dieses Buch mittlerweile ein begehrtes Sammlerstück.

Pursall, Brian (1995):
Europäische Landschildkröten
Bede Verlag, Ruhmannsfelden
ISBN 3-927997-50-1, 21,5×28,5 cm
gebunden, € 22,80

Ein 96 Seiten starkes Hardcover Buch mit ca. 90 Farbfotos, 7 Skizzen und einer Verbreitungskarte. Der Inhalt dieses Buches besteht aus Einleitung; Zoogeographie und Entwicklung; Artenbestimmung; Unterartenbestimmung; Temperaturkontrolle; Winterruhe; Ernährung; Sinnesorgane; Verhalten; Zucht; Inkubation; Größe und Alter; Krankheiten; Das Gesetz; Die Datensammlung; Die Unterbringung; Andere Arten und Lebensräume.

Kommentar:

Ein Buch, das weitaus ausführlicher auf die artgerechte Haltung von Europäischen Landschildkröten eingeht. Sehr einfach nachvollziehbar wird der Unterschied zwischen *Testudo hermanni* und *Testudo graeca* anhand einer Zeichnung aufgezeigt. Auch das wichtige Kapitel Winterruhe liest man auf insgesamt sieben Seiten. Diese sind voll gepackt mit Informationen. Auch sonst merkt man, dass dieses Buch von einem Praktiker geschrieben wurde. Des Weiteren sind sehr schöne Fotos von Landschildkröten abgedruckt. Ein Buch, das zum Einstieg in die Haltung von Europäischen Landschildkröten sicher in vielen Punkten hilfreich sein kann.

Kirsche, Walter, Prof. Dr. (1997):
Die Landschildkröten Europas. Biologie, Pflege, Zucht und Schutz
Mergus Verlag, Melle
ISBN 3-88244-009-0, 21,5×27,5 cm
gebunden, Preis antiquarisch

Auf 103 Seiten, mit 175 Fotos, 21 Zeichnungen, Verbreitungskarten und Diagrammen werden wir durch folgende Inhalte geleitet: Einleitung; Die Entwicklung und die Systematik; Körperbau; Arten und Unterarten der Landschildkröten Europas, der Mittelmeerländer und des vorderasiatischen Raumes; Terrarien für Landschildkröten; Wie leben Europäische Landschildkröten; Die Zucht; Anomalien, Missbildungen, Zwillinge; Gibt es Schildkrötenbastarde?; Überwinterung; Wie und wo erwirbt man Landschildkröten; Wenn die Schildkröten erkranken; Kulturgeschichte; Vom Aussterben bedroht; Literaturverzeichnis.

Kommentar:

Ich halte dieses Buch für eines der besten seiner Zeit. Auch heute trifft noch vieles zu, was Prof. Dr. WALTER KIRSCHE damals schrieb. Im Vergleich zu anderen Büchern beschreibt der Autor auch ausführlich Körperbau und Sinnesleistungen der Landschildkröten. Einzig allein über das Kapitel mit Fütterungsempfehlungen sollte man hinwegsehen. Dieses Problem der nicht artgerechten Fütterungsempfehlungen – man soll es kaum glauben – besteht auch bei Büchern von heute! Für mich ist es eines der besten Bücher über Europäische Landschildkröten überhaupt.

POLASCHEK, KARIN & GERHARD POLASCHEK (1997):
Die Griechische Landschildkröte
G. & K. Verlag, Eichgraben
ISBN 3-901840-00-1, 17×21,5cm
gebunden, € 21,60

Ein 124 Seiten starkes Hardcover Buch, mit 144 Farbfotos, 31 schwarz-weiß Fotos, welches folgende Themen enthält: Vorwort; Evolution; Mythos und Sage; Allgemeines; Haltung; Überwinterung; Zucht; Ernährung; Krankheiten; Die Griechische Landschildkröte; Ähnlich, aber nicht gleich; Danksagung.

Kommentar:

Bei 144 Farbfotos auf 124 Seiten kommen die Informationen ein wenig zu kurz. Auch bei diesem Buch kann man einige Aussagen und Empfehlungen nach heutiger Sicht so nicht mehr stehen lassen. Für mich ein Buch für Sammler von Schildkrötenbüchern, nicht mehr, aber auch nicht weniger.

FÖHR-CAMPI, URSULA (1997):
Europäische Landschildkröten
Selbstverlag der Autorin
ISBN 3-930612-14-3, DIN-A5
kartoniert, € 19,00

Dieses Buch ist in Romanform geschrieben und hat auf 157 Seiten folgenden Inhalt: Einleitung; „Unsere" persönlichen Erkennungsmerkmale; In der ganzjährigen Freilandanlage; Erste Begegnung; Der Umzug; Welche Rasse; Immer was los; Cites-Pflicht; Brutkasten: Marke Eigenbau; Bastarde; Wilma; Pflege; Fette oder übergewichtige Schildkröten; Aufwärmphase; Aufzucht von Jungtieren; Welche Temperatur ist wichtig?; Todesursache: Fleischwunden; Die Sache mit dem Hund oder: Hund ist nicht gleich Hund; Tödlicher Irrtum; Krankheiten oder Fehler bei der Aufzucht; Pilzbefall; Würmer; Schnupfen; Futter; Ansteckung; Die häufigste Todesursache;

Verhinderung von Unfällen; Tod; Neues Jahr – Neues Leben; Futterverhalten; Eiablage 1996; Nachwort; Glossar; Literaturhinweise.

Kommentar:

Wie oben schon erwähnt, handelt es sich um einen Haltungsbericht, aber eben in Romanform geschrieben. Die Autorin schreibt selber im Untertitel „Kein speziell wissenschaftliches Buch". Ursula Föhr-Campi beschreibt ausführlich, wie sie zu ihren ersten Schildkröten gekommen ist und wie damit der Grundstein der Schildkrötenhaltung gelegt wurde. Sie beschreibt ihre Haltungsweise von Europäischen Landschildkröten in Italien auf eine teilweise witzig geschriebene Art. Es ist einmal ein ganz anderes Buch!.

Zirngibl, Rainer (2000):
Griechische Landschildkröte
Bede Verlag, Ruhmannsfelden
ISBN 3-933646-20-0, 17,0×21,5 cm
gebunden, € 12,80

Auf 95 Seiten werden diese Themen beschrieben: Inhaltsverzeichnis; Die Anschaffung und Auswahl; Artgerechte und naturnahe Haltung; Vermehrung in unserer Obhut; Aufzucht der jungen Landschildkröten; Natürlicher Lebensraum; Auch Schildkröten können erkranken; Artenschutz und Klimadaten; Literatur.

Kommentar:

Dieses Werk galt lange Zeit als das Buch für den Einsteiger. Mittlerweile ist auch dieses ein wenig in die Jahre gekommen. Ich würde mir wünschen, dass man bei der nächsten Neuauflage die Fotos austauscht, auf denen Schildkröten auf Pinienborke sitzen. Für mich ist es jedoch immer noch ein wichtiges Buch zum Einstieg in die Haltung Europäischer Landschildkröten, da es von einem Praktiker geschrieben ist.

Fritz, Uwe (Hrsg.) (2001):
Handbuch der Reptilien und Amphibien Europas. Band 3/IIIA Schildkröten (Testudines) I (Bataguridae, Testudinidae, Emydidae)
Aula-Verlag, Wiebelsheim
ISBN 3-89104-004-0, 15,5×23,5 cm
gebunden, € 108,00

Dieses umfassende Werk hat 594 Seiten, 95 Abbildungen und Diagramme mit folgendem Inhalt: Inhaltsverzeichnis; Verzeichnis der Abkürzungen; Vorwort; Die Stellung der Schildkröten innerhalb der Reptilien; Schlüssel zu den europäischen Familien und Gattungen der Testudines; Bataguridae – Altweltliche Sumpfschildkröten; Testudinidae – Echte Landschildkröten; Emydidae – Neuweltliche Sumpfschildkröten; Namenregister; Anschriften der Mitarbeiter.

Kommentar:

Wenn einen nichts mehr weiterbringt an Büchern, dann kommt dieses leider nicht ganz billige, aber umfassende Werk gerade recht. Alles Wissenswerte aus wissenschaftlicher Sicht über die drei Europäischen Arten (*Testudo hermanni*, *Testudo graeca* und *Testudo marginata*) wird auf über 220 Seiten von verschiedenen Autoren sehr ausführlich beschrieben. Für den Schildkrötenliebhaber besonders interessant sind die ausführlichen Beschreibungen der Lebensweise und die intensive, nachschlagbare Literaturrecherche, die dem Werk zugrunde liegt. Dieses Buch ist von Profis für Profis.

Wegehaupt, Wolfgang (2003):
Die natürliche Haltung und Zucht der Griechischen Landschildkröte
Wegehaupt Verlag, Kressbronn
ISBN 3-9809774-0-4, DIN-A5
gebunden, Preis antiquarisch

224 Seiten, 256 Farbfotos, 4 Diagramme und eine Tabelle beinhaltet dieses Buch mit folgenden Themen: Vorwort; Inhaltsverzeichnis; Einleitung; Allgemeines; Der Artenschutz und die Meldepflicht; Die Anschaffung einer Schildkröte; Der Körperbau der Griechischen Landschildkröten; Sinnesorgane und Instinkte; Die Beschreibung der Arten; Der natürliche Lebensraum; Das Klima im Vergleich; Die Gefährdung des natürlichen Lebensraums; Das Freilandgehege; Die Ernährung; Die Aufzucht von Jungtieren; Wachstum und Gewicht; Die Zucht der Griechischen Landschildkröte; Die Winterstarre; Die Krankheiten; Schildrötendiebstahl; Das Freilandgehege des Verfassers; Urlaub; Das Wichtigste zusammengefasst; Nachwort; Anhang; Meldeformular.

Kommentar:

Wenn man mit dem Durchlesen dieses Buches fertig ist, wird man feststellen, dass wohl alle Fragen beantwortet sind. Dieses Buch ist sowohl für den Anfänger als auch für den „Profi" empfehlenswert. Besonders eindrucksvoll ist, wie viele schöne Fotos aus natürlichen Habitaten gezeigt werden. Hier kann man viele Anregungen zur naturnahen Gehegegestaltung bekommen. Meiner Meinung nach ist dies eine der wichtigsten Neuerscheinungen der letzten Jahre. Nachdem das Buch eine zeitlang vergriffen war, ist aktuell zur Drucklegung dieses Werkes vom Verlag eine erweiterte Neuauflage angekündigt worden.

Wegehaupt, Wolfgang (2004):
Sardinien die Insel der europäischen Schildkröten
Wegehaupt Verlag, Kressbronn
ISBN 3-9809774-1-2, DIN-A5
gebunden, € 33,80

Auf 192 Seiten, mit 345 Farbfotos und 5 Diagrammen wartet das zweite Buch von Wolfgang Wegehaupt mit folgenden Themen auf: Inhaltsverzeichnis; Dank sagen; Vorwort; Einleitung; Die Insel; Das Klima; Das Verbreitungsgebiet; Die Lebensweise der Schildkröten; Die Griechische Landschildkröte; Die Breitrandschildkröte; Die Maurische Landschildkröte; Die Sardische Sumpfschildkröte; Gefährdung; Nachwort; Literatur und Bildnachweis.

Kommentar:

Ein weiteres Buch vom Autor Wolfgang Wegehaupt, diesmal werden ausschließlich die Schildkröten der Insel Sardinien behandelt. Wie auch beim ersten Buch besticht es durch eine geballte Ladung an Informationen. Es werden drei Arten Europäischer Landschildkröten beschrieben: *Testudo hermanni hermanni*, *Testudo graeca* ssp. und *Testudo marginata*. Zusätzlich findet auch die Sardische Sumpfschildkröte, *Emys orbicularis capolongoi* Erwähnung. Die wunderschönen Biotop-Aufnahmen zeigen einmal mehr, wie gut der Autor beobachten und dem Leser die natürlichen Lebensräume nahe bringen kann. Ich bin mir sicher, dass dieses überaus gute Buch Chancen hat, in vielen Bücherregalen seinen Platz zu finden.

Rogner, Manfred (2005):
Griechische Landschildkröten
Natur und Tier – Verlag, Münster
ISBN 3-937285-44-X, 16,8×21,8 cm
broschiert, € 19,80

In diesem Buch werden auf 167 Seiten folgende Themen behandelt: Inhaltsverzeichnis; Vorwort; Allgemeiner Teil; Die Unterarten und ihre Verbreitung; Lebensräume und Lebensweise; Haltung und Vermehrung; Anhang; Literatur.

Kommentar:

Dieses Buch ist erst seit kurzen auf dem Markt. Alle üblichen Themen werden vom Autor ausführlich behandelt. Bezüglich *Testudo hermanni hermanni* und auch *Testudo hermanni boettgeri* bringt das Buch aber keine neuen Erkenntnisse. Anders ist das bei der dritten „Griechischen" Landschildkröte, mit der sich das Buch befasst. Hierbei handelt es sich um

Testudo hermanni hercegovinensis, worüber im Allgemeinen noch nicht viel zu lesen ist. Das Buch hat hervorragende Bilder parat, so wie man es aus dem Hause NTV kennt.

GEIER, THORSTEN (2005):
Fester Panzer – weiches Herz
LSK-Verlag, Biebertal
ISBN keine, DIN-A5 kartoniert, € 12,50
Auf 81 Seiten beschreibt der Autor folgende Themen; Inhaltsverzeichnis; Vorwort; Eine Schildkröte als Spielzeug; Liebe Kinder; Wärme- und Kältebedürftigkeit; Europäische Landschildkröten; Das Freilandgehege; Futter- und Gehegepflanzen; Wachstum; Vermehrung; Gesundheit; Winterstarre; Artenschutz und gesetzliche Regelungen; Nachwort; Danksagung.
Kommentar:
Für mich d a s Buch für den Einsteiger in die Haltung von Europäischen Landschildkröten. Dieses Werk ist auf dem neuesten Stand der Schildkrötenhaltung. Alle wichtigen Themen werden hier – auch für Kinder – leicht verständlich beschrieben. Schildkrötenliebhaber mit ausreichenden Grundkenntnissen werden allerdings sicher ein wenig enttäuscht sein, da für diese keine neuen Erkenntnisse enthalten sind. Auch durch den moderaten Preis wird – so hoffe ich – dieses Buch in der Schildkrötenszene einen festen Platz bekommen.

Zu guter Letzt möchte ich hier noch zwei Bücher vorstellen, die nur indirekt mit Europäischen Landschildkröten zu tun haben. Das Erste ist eine sehr gute Hilfe beim Bau von Freilandanlagen, das Zweite befasst sich mit der Ernährung unserer Landschildkröten.

MINCH, MARION (2006):
Freilandanlagen für Schildkröten
Edition Chimaira, Frankfurt/Main
ISBN 3-930612-87-9, DIN-A5
gebunden, € 19,80
Auf 158 Seiten werden folgende Themen abgehandelt: Inhaltsverzeichnis; Vorwort; Die Natur als Vorbild; Standort; Oberirdische Einfriedungen; Unterirdische Einfriedungen; Schildkrötenhaus; Gewächshäuser; Andere Bauten; Wesentliche Elemente des Schutz-

hauses; Rund um das Schildkrötenhaus; Aus- und Eingang für die Schildkröten; Bepflanzung des Freigeheges; Gestaltung des Freigeheges; Balkonhaltung; Gehege-Typen; Haltungsbedingte Gefahren; Grundlagen; Anhang.

Kommentar:

Mit diesem Buch wurde meiner Meinung nach eine Lücke in der Literatur bezüglich der Schildkrötenhaltung geschlossen. In diesem Buch findet auch der nicht Kreative Ideen für die Gestaltung seiner Freilandanlage. Bei der artgerechten Haltung von Europäischen Landschildkröten stellen sich häufig gerade die mangelnden Außentemperaturen als Problem dar. In diesem Buch wird nachvollziehbar aufgezeigt, wie man durch den Bau von Gewächshäusern, Frühbeeten und der entsprechend eingesetzten Technik Abhilfe schaffen kann.

Dennert, Carolin (2001):
Ernährung von Landschildkröten
Natur und Tier – Verlag, Münster
ISBN 3-931587-53-5, 16,8×21,8 cm
broschiert, € 19,80

Dieses Buch enthält auf 144 Seiten, 113 Farbfotos, 27 Tabellen, 17 Grafiken Folgendes: Inhaltsverzeichnis; Verzeichnis der in diesem Buch verwendeten Abkürzungen; Einführung; Zoologische Klassifizierung der Schildkröten; Nahrungsaufnahme und Verdauung; Der Verdauungstrakt: Aufbau und Funktion; Energie und Nährstoffe – Stoffwechsel und Bedarf; Futtermittelkunde; Praktische Fütterung; Wasserversorgung; UV-Licht; Ernährungsbedingte Erkrankungen; Futterunverträglichkeiten; Fachwortverzeichnis; Tabellenanhang; Literaturverzeichnis.

Kommentar:

Dieses überaus gute Buch befasst sich ausschließlich mit einem der wichtigsten Themen unseres Hobbys, der Ernährung unserer Landschildkröten. Kaum ein anderes Buch informiert so intensiv über Futterpflanzen und deren Inhaltstoffe. Das Zusammenspiel von Vitamin D_3, Kalzium, Phosphor und UV-B wird einem anschaulich anhand verschiedener Tabellen erläutert. Tabellen! Dieses Buch ist voll mit äußerst informativen Tabellen und Grafiken zu wichtigen Themen, doch eine Tabelle möchte ich gerne hervorheben. Ab Seite 130 befindet sich Tabelle X mit einer Auswahl giftiger Pflanzen. Auf sieben Seiten wird aufgezeigt, welche Bestandteile der beschriebenen Pflanzen giftig sind.
Mein Urteil: Dieses Buch – so denke ich – ist Pflichtlektüre für jeden Landschildkrötenhalter.

Resümee

Leider sind einige Bücher, die hier vorgestellt werden, mittlerweile nur noch antiquarisch zu haben. Noch eines möchte ich hier anmerken, leider kommt es immer mehr in Mode, dass Bücher im Eigenverlag erscheinen. Ich persönlich finde es schade, weil viele gute Bücher so nur „unter Eingeweihten" und nicht im Buchhandel bekannt sind und dadurch dem breiten Publikum möglicherweise nicht zur Verfügung stehen.

Autor

Stefan T. Kosuck
E-Mail: maure1965@yahoo.de

THOMAS & SABINE VINKE, Filadelfia, Paraguay

Bemerkenswertes über die Lebensweise der Breitrandschildkröte *Testudo marginata*

Die Breitrandschildkröte ist nicht nur die größte der Europäischen Landschildkröten, sie ist in vielen Beziehungen auch etwas Besonderes. Bei einer Größe von bis zu 40,3 cm (RUTTENSDORFER & ARTNER 1997) ist sie eine stattliche Erscheinung und ihr besonderer Körperbau mit den weit ausgestellten Marginalschilden unterscheidet sie grundlegend von den anderen Europäischen Schildkrötenarten. Auch wenn bei weitem nicht so viele Veröffentlichungen bezüglich Haltung und Zucht der Breitrandschildkröte vorliegen wie beispielsweise für *Testudo hermanni*, möchten wir in unserem Beitrag dieses Thema nur streifen, statt dessen vielmehr auf die Besonderheiten dieser Schildkröten eingehen. Dies soll als Hilfestellung dienen, Breitrandschildkröten besser zu verstehen und auf diesem Wege Hinweise zur Optimierung einer artgerechten Haltung zu finden.

Schon bei der Lektüre der Veröffentlichungen über ihren natürlichen Lebensraum und ihre Lebensweise stößt man auf bemerkenswerte Auffälligkeiten. Eine der umfangreichsten deutschsprachigen Arbeiten findet man im Handbuch der Reptilien (BRINGSØE et al. 2001). Die Autoren haben viele Beobachtungen niedergeschrieben, die uns als Parameter für eine artgerechte Haltung dienen können. Der offensichtlichste Unter-

Abb. 1
Solch kleine Hindernisse sind für Breitrandschildkröten einfach zu bewältigen

schied zur Lebensweise der Griechischen Landschildkröte besteht in der Wärmebedürftigkeit. Immer wieder wird darauf hingewiesen, dass *Testudo marginata* vor allem die wärmeren, trockeneren und deshalb teilweise kargeren Biotope besiedelt, auch wenn sie insgesamt große Teile ihres Verbreitungsgebietes mit *Testudo hermanni boettgeri* teilt (Bringsøe et al. 2001). Dies spiegelt sich ebenfalls in der Individuendichte wider. In gemeinsam bewohnten Gebieten kann man deshalb die einfache Regel aufstellen, dass in wärmeren Lebensräumen mehr Breitrandschildkröten als Griechische Landschildkröten vorkommen, und in kühleren ist es umgekehrt (Bringsøe et al. 2001).

Lebensräume

Trotz ihrer Wärmeliebe ist die Breitrandschildkröte bezüglich der Struktur des Lebensraumes wenig wählerisch und wird von Bringsøe et al. (2001) sogar als Habitatgeneralist bezeichnet. Das können wir anhand unserer Beobachtungen auf Sardinien nur bestätigen. Wir fanden sie an schroffen Berghängen, in hügeliger Macchia, auf Kuhwiesen und als fast unglaubliches Habitat auf einer Feuchtwiese, die von vielen Quellen durchzogen ist und so selbst im Hochsommer stellenweise nass und matschig war. Hauptbewuchs sind dort Binsen (Vinke & Vinke 2003). Da sich in den größeren Vertiefungen Wasser sammelt, was zu einigen dauerhaften Tümpeln führt, kann man überspitzt sagen, dass sich *Testudo marginata* dort ihren Lebensraum mit der Europäischen Sumpfschildkröte, *Emys orbicularis capolongoi*, teilt. Den Schildkröten macht es nichts aus, auf dem feuchten, zum Teil unter Wasser stehenden Boden zu leben. Ihr Tagesablauf unterscheidet sich in nichts von dem der Breitrandschildkröten in trockeneren Gebieten. Wegehaupt (2004) berichtet sogar von Funden am Strand. Artner (1998) schreibt darüber hinaus von einer

Abb. 2
Lebensraum in einer Senke, der bei Regen auch einmal unter Wasser stehen kann

ganzen Population, die am Strand von Igoumenitsa lebt. Selbst in urbanem Umfeld wie Parks und archäologischen Ausgrabungsstätten werden Breitrandschildkröten gesichtet (KANDOLF 1995).

Diese generalistische Lebensweise könnte der Schlüssel zum Erfolg der Einbürgerung auf Sardinien und dem italienischen Festland sein, auch wenn noch immer unklar ist, wie und wann die Schildkröten überhaupt dahin gekommen sind (VINKE & VINKE 2004b). Die kleinbleibende Form auf der südlichen Peloponnes, die sich einen besonders trockenen und heißen Lebensraum erschlossen hat, der für *Testudo hermanni* nicht mehr bewohnbar ist, belegt ebenfalls ihre Anpassungsfähigkeit. Erstaunlicherweise ist diese Variabilität offensichtlich in *Testudo marginata* generell festgelegt, da sich keine nachweisbaren Unterschiede anhand molekulargenetischer Untersuchungen finden lassen (FRITZ et al. 2005).

Dennoch hat die Erschließung von Lebensräumen auch Grenzen. Bezüglich der möglichen maximalen Höhe, die von Breitrandschildkröten besiedelt wird, gibt es ein nicht auszurottendes Gerücht, das sich selbst in der neueren Literatur immer noch wiederfindet (bspw. WEGEHAUPT 2004). Die bei KLEINER & KLEINER (1988) angegebene Höhe eines Fundortes am Olymp mit 1600 Metern über Normalnull beruht laut ARTNER (1998) auf einem Missverständnis bei einem Gespräch zwischen PLETSCHER und KLEINER. Tatsächlich ist die Verbreitungsgrenze meist in der Höhe von 800 m über dem Meeresspiegel zu finden, einige wenige Ausnahmen berichten von 1000 m, ein Extremfall von 1300 m (BRINGSØE et al. 2001).

Besonders auffällig finden wir, dass die Tiere in den schroffen Felshängen grundsätzlich wenig oder keine Panzerverletzungen aufwiesen. Dies deckt sich mit Beobachtungen, die wir in der Haltung gemacht haben.

Abb. 3
Am unteren Rand solcher Felsformationen kann man immer noch *Testudo marginata* finden

Abb. 4
Diese Breitrandschildkröte fanden wir auf Sardinien auf einem Felsvorsprung, den man als Mensch nur schwierig kletternd erreichen konnte

Testudo marginata ist ein geschickter Kletterer und besitzt ein gutes Augenmaß für die Machbarkeit der Überwindung eines Hindernisses. Nur selten fallen die Schildkröten – beispielsweise beim Versuch die Gehegeumrandung zu überklettern – auf den Rücken. Bevor eine Breitrandschildkröte ein Hindernis zu überwinden versucht, kann man sie dabei beobachten, wie sie diese Schwierigkeit erst ausgiebig inspiziert und dann erst einen Versuch startet. Einen eindrucksvollen fotografischen Beleg der Kletterkunst gibt ARTNER (1998). Dort klemmte sich ein Weibchen zwischen einen Maschendrahtzaun und eine davor stehende Schilfverkleidung und kletterte dort bis fast zum Zaunende hoch. Wir können von zwei spektakulären Kletteraktionen aus unserer Breitrandschildkrötengruppe berichten. Ein Tier überwand die Gehegeumfriedung und stieg in eine Hecke, die gleichzeitig die Grenze zum Nachbargrundstück bildete und war kurz davor, den dahinter liegenden zwei Meter hohen Holzzaun zu überwinden. Nur das leise, aber dennoch ungewöhnliche Knistern in der Hecke verriet das adulte Männchen noch rechtzeitig. Ein Weibchen unserer Zuchtgruppe suchte zum Sonnenbaden regelmäßig einen etwa einen Meter hohen feinästrigen Zierstrauch auf, indem es durch die Mitte hinauf kletterte, um sich dann auf der Krone liegend zu sonnen.

Extreme Standortreue, Verhalten und die Konsequenzen für die Haltung

Von vielen Landschildkrötenarten ist bekannt, dass Exemplare langfristig in einem von ihnen bewohnten Gebiet wiederaufzufinden sind (vgl. dazu VINKE & VINKE 2004a). Dennoch ist die Standorttreue bei *Testudo*

Abb. 5
Die Ränder von Kuhwiesen sind auf Sardinien ein sehr dicht besiedelter Breitrandschildkröten-Lebensraum

marginata bemerkenswert. HERZ (1994) berichtet von einer Urlaubsreise, in deren Verlauf er alle Breitrandschildkröten, die er, sobald er sie einmal gefunden hatte, zu beliebigen Tageszeiten immer wieder aufspüren konnte. Wir selber haben auf Sardinien Breitrandschildkröten nach erstaunlich langen Zeiträumen wiederfinden können. Ein Weibchen konnten wir im Abstand mehrerer Jahre immer wieder an demselben Fundort aufsuchen. Niemals befand es sich weiter als wenige Meter von der ersten Fundstelle entfernt. BRINGSØE et al. (2001) geben den individuellen Aktionsraum (Home Range) mit lediglich 50 m im Durchmesser an. MATZANKE (1997) schreibt von maximal 15 m Abstand von dem bewohnten Brombeergebüsch.

Diese extreme Standorttreue spiegelt sich in den Haltungsansprüchen wider. Sind Landschildkröten ohnehin sehr „konservativ" und nehmen Veränderungen in ihrer Umgebung eher als Störung wahr, so reagieren *Testudo marginata* schon fast „genervt", um es einmal mit recht menschlichen Begriffen zu beschreiben. Im Gegensatz zu anderen Tieren, für die Veränderungen unter menschlicher Obhut oftmals zur Erweiterung ihres Verhaltensspektrums (behavioural enrichment) empfehlenswert sind, bemerkt man bei *Testudo marginata*, dass sie die veränderten Bereiche meiden. Griechische Landschildkröten sind da schon etwas stabiler. Auch sie sehen Veränderungen nicht als willkommene Abwechslung, dennoch überwinden sie ihre Scheu viel schneller. Deshalb muss man damit rechnen, dass ein neu eingesetzter Strauch im Gehege, der eigentlich eine perfekte Deckung und ein schöner Ruheplatz sein könnte, eine ganze Weile von den Breitrandschildkröten gemieden wird.

Nicht zu übersehen ist das Unwohlsein der Schildkröten, wenn man etwas an ihren angestammten Nachtschlafplätzen ändert. Wir haben vor einigen Jahren das im Gewächshaus enthaltene Schlafhaus von der Längsseite auf die Breitseite versetzt, um den Platz im Gewächshaus für die Schildkröten besser einrichten zu können. Das Schlafhaus blieb dasselbe, dementsprechend auch der Geruch, dennoch mieden die Schildkröten tagelang das gesamte Gewächshaus und hielten sich nur im Freiland auf, wo sie sogar zur Nacht blieben. Erst nach mehreren Tagen normalisierte sich die Situation allmählich.

In diesem engen natürlichen Aktionsradius verwundert es nicht, dass Breitrandschildkröten sich in der Natur gemeinsam in Unterschlüpfe zurückziehen und ebenfalls häufig in aktiven Zeiten eng beieinander zu finden sind (Herz 1994, Artner 1998). Bei unseren Besuchen auf Sardinien ist uns aufgefallen, dass Breitrandschildkröten regelmäßig innerhalb eines gleichförmigen Gebietes in Häufungen anzutreffen waren (Vinke & Vinke 2004a).

Es ist deshalb nur eine logische Konsequenz, dass *Testudo marginata* unter menschlicher Obhut besonders sensibel auf Veränderungen in ihrer Gruppenstruktur reagieren. Fremde Schildkröten bringen das gesamte Gefüge durcheinander und verträgliche, stabile Gruppen müssen sich neu orientieren. Dies wird in einer regelrechten Rangordnung festgelegt, die laut Artner (1998) sonst sehr statisch ist. Sollte dennoch einmal die Rangfolge überprüft werden, messen untereinander bekannte Männchen ihre Kräfte im Kommentkampf. Dabei wird auf eine rituelle Art das

Abb. 6
Auch Feuchtgebiete werden als Lebensraum genutzt

Abb. 7
Ein typisches Habitat von *Testudo marginata* – die Macchia

Abb. 8
Dieses Weibchen mit der auffälligen Panzerverletzung konnten wir über Jahre am selben Fundort nachweisen

Abb. 9
Paarungsversuche und Kommentkämpfe in einer Gruppe folgen festen Ritualen

stärkste Männchen ermittelt. Zunächst prüft das Alpha-Männchen seinen Status, indem es auf das untergeordnete Männchen aufreitet. Falls dieses mit dem Kopf pendelt, wie es üblicherweise Breitrandschildkröten-Weibchen beim Vollzug einer Paarung tun, lässt es sofort von dem bedrängten Männchen ab. Sollte das Männchen nicht mit dem Kopf pendeln, beginnt der eigentliche Kommentkampf. Dieser Kampf läuft unblutig ab, die Schildkröten zeigen ihre Stärke durch Rammstöße und Drohbisse. Das schwächere Männchen entzieht sich durch Verlassen des Kampfplatzes.

Falls jedoch fremde *Testudo marginata* in die Gruppe eingebracht werden, kann es durchaus zu ernsthaften Kämpfen kommen, die nicht den rituellen Charakter besitzen, sondern möglicherweise das Ziel haben, den Eindringling gänzlich zu vertreiben. Ein Einbringen eines neuen Männchens ist deshalb bei Breitrandschildkröten besonders problematisch. Auch bei Weibchen, die bei einer bevorstehenden Eiablage untereinander aufreiten (Artner 1998), kann man das Kopfpendeln des unteren Weibchens beobachten (Jutta Jähne pers. Mittlg.).

Offensichtlich hat das Kopfpendeln der Breitrandschildkröten eine ähnlich beschwichtigende Wirkung, wie das so genannte Winken bei verschiedenen Echsenarten (bspw. *Lacerta* spp., *Pogona* spp.), wo ein Vorderfuß schnell auf und ab bewegt wird, um dem Stärkeren die Unterwürfigkeit zu signalisieren.

Doch Breitrandschildkröten haben noch mehr in ihrem Verhaltensrepertoire zu bieten: Bringsøe et al. (2001) beschreiben aus einer unpublizierten Untersuchung eines der drei Autoren (Willemsen), dass sie interagieren

Abb. 10
Kopfpendeln ist nicht nur ein Zeichen einer erfolgreichen Paarung wie hier im Bild – es dient auch als Unterwürfigkeitsgeste

und ihren Tagesverlauf durch Blickkontakte synchronisieren.

Aus der Haltung von Breitrandschildkröten ist bekannt, dass – sofern es einen guten Eiablageplatz gibt – alle Weibchen diesen benutzen. Deshalb hat man keinen Ärger mit nicht aufzufindenden Gelegen, auch halten sich legewillige Weibchen nicht mit Probegrabungen auf (Reinhardt & Reinhardt 2005), wie das bei anderen Landschildkröten häufiger der Fall ist. Erstaunlicherweise beobachteten wir dieses Phänomen in der Natur auf Sardinien. Dort fanden wir einen regelrechten Masseneiablageplatz (Vinke & Vinke 1997). An einer Sanddüne, die etwas höher gelegen an einer Meeresbucht auf Sardinien liegt, wurden von uns Dutzende von verlassenen Schildkrötennestern gefunden. Die Eierschalen der geschlüpften Jungtiere befanden sich auf einem etwa 20×20 Meter großen Areal inmitten einer Sanddüne. Auch hier war eine Anhäufung festzustellen, da das gleichförmige Gebiet der Sanddüne (Bewuchs und Bodengrund) deutlich größer war.

In den oben beschriebenen Verhaltensweisen findet man genügend Indizien, dass man dieser Schildkrötenart mit einer Einzelhaltung kein artgerechtes Leben bieten kann, in dem alle Spektren eines natürlichen Verhaltens ausgelebt werden können.

Resümee

Die Breitrandschildkröte führt ein uns immer noch verborgenes Leben. Noch lange sind nicht alle Aspekte ihres Verhaltens erforscht. Doch immer mehr Autoren bringen mit ihren Erfahrungen und Beobachtungen neue Stücke in das Puzzle der Erkenntnis ein. Hoffen wir, dass die Wildbestände in Europa sicher sind und sich weiterhin engagierte Schildkrötenliebhaber finden, die das Verhalten dieser hoch interessanten Schildkröte erforschen. Aber nicht jede wissenschaftliche Untersuchung ist ein Segen. Insbesondere taxonomische Forschung kann ungewollt auch zu einer Gefahr werden. Oftmals weckt die Beschreibung einer neuen Art Begehrlichkeiten unter den Sammlern in der Terraristik-Szene, was bis zur Ausrottung dieser Spezies führen kann (Stuart et al. 2006). Davon war die Breitrandschildkröte konkret bedroht. Nach der Beschreibung der Zwergform durch Bour (1996) gab es auf der Peloponnes einen regelrechten Run auf diese „Rarität", was bis heute anhält, obwohl der taxonomische Status offensichtlich nicht haltbar war (Fritz et al. 2005).

Doch auch ein relativ sicher scheinendes Schildkrötenparadies kann zerstört werden. Das mussten wir 2002 auf Sardinien mit ansehen, wo in kürzester Zeit große Teile des Lebensraums von *Testudo hermanni hermanni* durch Habitatumwandlung von extensiver Viehwirtschaft zu intensiver Landwirtschaft unwiederbringlich zerstört wurde (Vinke & Vinke 2002). Auch wenn damals *Testudo marginata* noch verschont blieb, führt uns das die Verletzlichkeit der Populationen schmerzlich vor Augen!

Literatur

Artner, H. (1998): Haltung und Nachzucht der Breitrandschildkröte *Testudo marginata* Schoepff 1792 nebst Beobachtungen im natürlichen Lebensraum. – Emys, Sitzenberg-Reidling 5 (4): 5-24.

Abb. 11
Auch das Gewächshaus sollte für Breitrandschildkröten gut strukturiert sein und Klettermöglichkeiten bieten

Abb. 12
In diesem Lebensraum benutzen viel Breitrandschildkröten einen gemeinsamen Legeplatz

Abb. 13
Der Eiablageplatz befindet sich auf dieser Sanddüne direkt am Strand

BOUR, R. (1996): Une nouvelle espèce de tortue terrestre dans le Péleponnèse (Grèce). - Dumerilia 2: 23-54.

BRINGSØE, H., J. R. BUSKIRK & R. E. WILLEMSEN (2001): *Testudo marginata* SCHOEPFF, 1792 – Breitrandschildkröte. – S. 291-334 in: FRITZ, U. (Hrsg.): Handbuch der Reptilien und Amphibien Europas. Band 3/IIIA Schildkröten (Testudines) I (Bataguridae, Testudinidae, Emydidae). – Wiebelsheim (Aula-Verlag).

FRITZ U., P. SIROKY, H. KAMI & M. WINK (2005): Environmentally caused dwarfism or a valid species – Is *Testudo weissingeri* BOUR, 1996 a distinct evolutionary lineage? New evidence from mitochondrial and nuclear genomic markers. – Molecular Phylogenetics and Evolution 37 (2): 389-401.

HERZ, M. (1994): Beobachtungen an Breitrandschildkröten *Testudo marginata* SCHOEPFF, 1792 in freier Natur. – Sauria, Berlin 16 (1): 27-30.

KANDOLF, F. (1995): Herpetologische Eindrücke aus dem südlichen Griechenland. – DATZ, Stuttgart 48: 448-449.

KLEINER, M. &. E. KLEINER (1988): Haltung und Zucht von *Testudo marginata*. – Elaphe, Berlin 10 (4): 61-65.

MATZANKE, W. (2000): Die Schildkrötenfauna Sardiniens. – S. 39-44 in: ARTNER, H. & E. MEIER (Hrsg.): Schildkröten. – Münster (Natur und Tier – Verlag).

REINHARDT, R. & H. REINHARDT (2005): Die Zwerg-Breitrandschildkröte, *Testudo marginata weissingeri*, TRUTNAU 1994 – Bemerkung zur Haltung, Fortpflanzung

Abb. 14
Auch in der Haltung benutzen Breitrandschildkrötenweibchen gerne denselben Legeplatz

und Aufzucht. – Testudo, Wimmis 14 (2): 5-23.

RUTTENSDORFER, W., & H. ARTNER (1997): Rekordgröße bei der Breitrandschildkröte *Testudo marginata*. – Emys, St. Pölten 4 (5): 34-36.

STUART, B. L., A. G. J. RHODIN, L. L. GRISMER & T. HANSEL (2006): Scientific description can imperil species. - Science 312: 1137.

VINKE, S. & T. VINKE (1997): Breitrandschildkröte. – Das Aquarium, Bornheim 31 (10): 44-49.

VINKE, T. & S. VINKE (2002): Vom Niedergang eines Schildkrötenbiotops. – Radiata, Haan 11 (3): 44-49.

VINKE, T. & S. VINKE (2003): Die Breitrandschildkröte – Vorurteile unbegründet. – DATZ, Stuttgart 56 (12): 20-25.

VINKE, T. & S. VINKE (2004a): Vermehrung von Landschildkröten. – Offenbach (Herpeton Verlag Elke Köhler) 189 S.

VINKE, T. & S. VINKE (2004b): Türme und Schildkröten: Zwei Rätsel, eine gemeinsame Lösung? – Schildkröten im Fokus, Bergheim 1 (4): 29-31.

WEGEHAUPT, W. (2004): Sardinien, die Insel der europäischen Schildkröten. – Kressbronn (Wegehaupt Verlag), 191 S.

Autoren

Thomas & Sabine Vinke
Filadelfia 853
9300 Fernheim
Paraguay
E-Mail: S-T-Vinke@gmx.de

Abb. 15
Die Breitrandschildkröte fühlt sich in der Haltung unter menschlicher Obhut in kleinen, beständigen Gruppen am wohlsten

Das weit gefasste Thema „Schildkröte" beinhaltet verschiedene mögliche Betrachtungsweisen. Schildkröten im Fokus deckt hier ein eigenes Segment ab. Wie der Name schon sagt, sollen die Themen fokussiert betrachtet werden. Neben den klassischen Haltungs- und Zuchtartikeln setzt Schildkröten im Fokus ein verstärktes Augenmerk auf eine pointierte Darstellung bestimmter Probleme, Vorgänge, Verhaltensweisen und beobachteter Besonderheiten. Die Rubrik Wissenschaft im Fokus informiert kurz und prägnant über neueste Ergebnisse der internationalen Schildkrötenforschung.

Schildkröten im Fokus will seinen Beitrag leisten, das Wissen über diese Tiere zu deren Nutzen zu vermehren.

Schildkröten im Fokus hat einen Umfang von 36 Farbseiten und erscheint viermal jährlich zu Beginn der Monate Februar, Mai, August und November. Das Jahresabonnement kostet EUR 22,00 inklusive Mehrwertsteuer und Versand. Einzelhefte werden für EUR 6,00 abgegeben.

Schildkröten im Fokus erscheint im:
dauvi-Verlag
Michael Daubner und Thomas Vinke GbR
Jenseitsstraße 79, 50127 Bergheim

Unter www.schildkroetenimfokus.de finden Sie ausführliche Informationen.